Schaum's Foreign Language Series

Communicating in Spanish

Advanced Level

Conrad J. Schmitt

Protase E. Woodford

McGraw-Hill, Inc.

*New York   St. Louis   San Francisco   Auckland   Bogotá
Caracas   Hamburg   Lisbon   London   Madrid   Mexico   Milan
Montreal   New Delhi   Paris   San Juan   São Paulo
Singapore   Sydney   Tokyo   Toronto*

Sponsoring Editors: John Aliano, Meg Tobin
Production Supervisor: Denise Puryear
Editing Supervisors: Patty Andrews, Maureen Walker

Text Design and Composition: Literary Graphics
Cover Design: Merlin Communications and Amy E. Becker
Illustrator: Ray Skibinski
Printer and Binder: R.R. Donnelley and Sons Company

Cover photographs courtesy of the Tourist Office of Spain

Communicating in Spanish Advanced Level

1 2 3 4 5 6 7 8 9 10 11 12 13 14 15 **DOH DOH** 9 8 7 6 5 4 3 2 1 0

ISBN 0-07-056644-5

Library of Congress Cataloging-in-Publication Data
Schmitt, Conrad J.
    Communicating in Spanish / Conrad J. Schmitt, Protase E. Woodford.
       p.   cm. — (Schaum's foreign language series)
    Contents: [Bk. 3] Advanced level.
    ISBN 0-07-056644-5
    l. Spanish language — Conversation and phrase books — English.
  I. Woodford, Protase E.   II. Title.   III. Series.
  PC4121.S34   1991
  468.3'421 — dc20   90-5491
                                       CIP

About the Authors

Conrad J. Schmitt

Mr. Schmitt was Editor-in-Chief of Foreign Language, ESL, and bilingual publishing with McGraw-Hill Book Company. Prior to joining McGraw-Hill, Mr. Schmitt taught languages at all levels of instruction, from elementary school through college. He has taught Spanish at Montclair State College, Upper Montclair, New Jersey; French at Upsala College, East Orange, New Jersey; and Methods of Teaching a Foreign Language at the Graduate School of Education, Rutgers University, New Brunswick, New Jersey. He also served as Coordinator of Foreign Languages for the Hackensack, New Jersey Public Schools. Mr. Schmitt is the author of *Schaum's Outline of Spanish Grammar, Schaum's Outline of Spanish Vocabulary, Español: Comencemos, Español: Sigamos,* and the *Let's Speak Spanish* and *A Cada Paso* series. He is the coauthor of *Español: A Descubrirlo, Español: A Sentirlo, La Fuente Hispana, the McGraw-Hill Spanish: Saludos, Amistades, Perspectivas, Le Français: Commençons, Le Français: Continuons, the McGraw-Hill French: Rencontres, Connaissances, Illuminations, Schaum's Outline of Italian Grammar, Schaum's Outline of Italian Vocabulary,* and *Schaum's Outline of German Vocabulary.* Mr. Schmitt has traveled extensively throughout Spain, Mexico, the Caribbean, Central America, and South America. He presently devotes his full time to writing, lecturing, and teaching.

Protase E. Woodford

Mr. Woodford is Director of the Foreign Languages Department, Test Development, Schools and Higher Education Programs Division, Educational Testing Service, Princeton, New Jersey. He has taught Spanish at all academic levels. He has also served as Department Chairman in New Jersey high schools and as a member of the College Board Spanish Test Committee; the Board of Directors of the Northeast Conference on the Teaching of Foreign Languages, and the Governor's Task Force on Foreign Languages and Bilingual Education (NJ). He has worked extensively with Latin American, Middle Eastern, and Asian ministries of education in the areas of tests and measurements and has served as a consultant to the United Nations and numerous state and federal government agencies. He was Distinguished Visiting Linguist at the United States Naval Academy in Annapolis (1987-88) and Visiting Professor at the Fundación José Ortega y Gasset in Gijón, Spain (1986). He is the author of *Spanish Language, Hispanic Culture.* He is the coauthor of *Español: A Descubrirlo, Español: A Sentirlo, the McGraw-Hill Spanish: Saludos, Amistades, Perspectivas, Español: Lengua y Letras, La Fuente Hispana,* and *Bridges to English.* Mr. Woodford has traveled extensively throughout Spain, Mexico, the Caribbean, Central America, South America, Europe, Asia, and the Middle East.

Preface

To the Student

The purpose of the series *Communicating in Spanish* is to provide the learner with the language needed to survive in situations in which Spanish must be used. The major focus of the series is to give the learner essential vocabulary needed to communicate in everyday life. The type of vocabulary found in this series is frequently not presented in basal textbooks. For this reason, many students of Spanish are reduced to silence when they attempt to use the language to meet their everyday needs. The objective of this series is to overcome this frustrating problem and to enable the learner to express himself or herself in practical situations.

The series consists of three books, which take the learner from a novice or elementary level of proficiency to an advanced level. The first book in the series presents the vocabulary needed to survive at an elementary level of proficiency and is intended for the student who has not had a great deal of exposure to the Spanish language. The second book takes each communicative topic and provides the student with the tools needed to communicate at an intermediate level of proficiency. The third book is intended for the student who has a good basic command of the language but needs the specific vocabulary to communicate at a high intermediate or advanced level of proficiency. Let us take the communicative topic "speaking on the telephone" as an example of the way the vocabulary is sequenced in the series. The first book enables the novice learner to make a telephone call and leave a message. The second book expands on this and gives the learner the tools needed to place different types of calls. The third book provides the vocabulary necessary to explain the various problems one encounters while telephoning and also enables the speaker to get the necessary assistance to rectify the problems.

Since each chapter focuses on a real-life situation, the answers to most exercises and activities are open-ended. The learner should feel free to respond to any exercise based on his or her personal situation. When doing the exercises, one should not focus on grammatical accuracy. The possibility of making an error should not inhibit the learner from responding in a way that is, in fact, comprehensible to any native speaker of the language. If a person wishes to perfect his or her knowledge of grammar or structure, he or she should consult *Schaum's Outline of Spanish Grammar, 3/ed.*

In case the student wishes to use this series as a reference tool, an Appendix appears at the end of each book. The Appendix contains an English-Spanish vocabulary list that relates to each communicative topic presented in the book. These topical lists are cumulative. The list in the third book contains all the words in the first, second, and third books that are related to the topic.

In each lesson, the section entitled **Situaciones** sets up hypothetical situations the learner may encounter while attempting to survive in a Spanish-speaking milieu. In carrying out the instructions in these activities, the student should react using any Spanish he or she knows. Again, the student should not be inhibited by fear of making an error. These activities require the use of vocabulary presented in all three books in this series.

The section entitled **Hojas de la vida** gives the learner the opportunity to see and read realia and articles that come from all areas of the Spanish-speaking world. The intent of this section is to give the learner exposure to the types of material that one must read on a daily basis. It is hoped that the learner will build up the confidence to take an educated guess at what "real things" are all about without necessarily understanding every word. Communicating in the real world very often involves getting the main idea rather than comprehending every word.

To the Instructor

The series *Communicating in Spanish* can be used as a self-instruction tool or as a supplement to any basal text. The first book is intended for novice to low intermediate speakers according to the ACTFL Guidelines. The second book provides the type of vocabulary needed to progress from a low to high intermediate level of proficiency, and the third book, from the high intermediate to the advanced level.

The series is developed to give students the lexicon they need to communicate their needs in real-life situations. It is recommended that students be permitted to respond to the exercises and activities freely without undue emphasis on syntactical accuracy.

Conrad J. Schmitt
Protase E. Woodford

Contents

Social Situations: Saying the Right Thing

Communicative Topics

Capítulo 1

El teléfono

Vocabulario

Problemas con el teléfono

El teléfono está *descompuesto (dañado, fuera de servicio).*	*out of order*
No hay *tono (señal).*	*dial tone*
La línea está *ocupada.*	*busy*
Están comunicando.	
Oigo la *señal de ocupado.*	*busy signal*
Hay un *cruce de líneas.*	*crossed lines*
Tenemos una *comunicación mala.* No oigo nada.	*bad connection*
Hay muchos *parásitos.*	*static*
De repente *se nos ha cortado* la línea.	*cut off*
Tengo un *número equivocado.*	*wrong number*

Ejercicio 1   Choose the correct rejoinder for each of the following.

1. Yo estaba hablando con Carlos cuando oímos la voz de una tercera persona.
   a. Es posible que hubiera un cruce de líneas, ¿no?
   b. ¿Estaban comunicando con Carlos?
   c. ¿Y no pudiste oír nada?
2. El teléfono debe de estar descompuesto.
   a. ¿Por qué? ¿Oyes la señal de ocupado?
   b. ¿Por qué? ¿Se te ha cortado la línea?
   c. ¿Por qué? ¿No hay tono?
3. Tenemos una comunicación muy mala.
   a. Yo sé que están comunicando.
   b. Hay mucha interferencia y parásitos. Apenas oigo lo que estás diciendo.
   c. Oigo la señal de ocupado.
4. Estarán hablando.
   a. ¿La línea está ocupada?
   b. ¿No están?
   c. ¿La línea está cruzada?
5. No tengo el número apropiado.
   a. ¿Has marcado un número equivocado?
   b. ¿Tienes un cruce de líneas?
   c. ¿Por qué? ¿Hay interferencia?
6. ¿Es ésta la señal de ocupado?
   a. Sí, sí. Está sonando (ringing) ahora.
   b. Sí, sí. Descuelgue.
   c. Sí, sí. Están comunicando.

Comunicación

Un problema con el teléfono

CLIENTE   Operadora, ¿puede Ud. comunicarme de nuevo
             con el 228 14 50?
OPERADORA   Sí, señor. ¿Qué le ha pasado?
CLIENTE   Pues, estuvimos comunicando cuando de repente
             se nos cortó la línea.
OPERADORA   Lo siento, señor. No le cobraré la llamada.

Una comunicación mala

OPERADOR	Operador.
CLIENTE	Sí, señor. Estuve hablando con Buenos Aires y desgraciadamente había tanta interferencia que la verdad es que no pudimos oír nada.
OPERADOR	Lo siento, señora. No cuelgue Ud. Le haré la conexión de nuevo. ¿Cuál es el número en Buenos Aires?

Ejercicio 2   Answer the questions based on the preceding conversations.

1. ¿Por qué quiere el señor que la operadora le comunique de nuevo con el 228 14 50?
2. ¿Tendrá que pagar la llamada el señor?
3. ¿Cómo le dice la operadora que no la tendrá que pagar?
4. ¿Con qué país estaba hablando la señora?
5. ¿Por qué no pudo oír casi nada?
6. ¿Qué le va a hacer el operador?

Una línea ocupada

FELISA	¿Qué pasa, Roberto?
ROBERTO	No sé, Felisa. Escucha. ¿Es ésta la señal de ocupado aquí? No la reconozco.
FELISA	Sí, sí, Roberto. Lo es. Están comunicando. Cuelga y espera algunos momentos. Luego intenta de nuevo.

Un número equivocado

INTERLOCUTOR	¡Diga!
JOSE	¿Está Isabel, por favor?
INTERLOCUTOR	¿Isabel?
JOSE	Sí, Isabel Irrizarry.
INTERLOCUTOR	No, señor. Aquí no hay ninguna Isabel Irrizarry.
JOSE	Ah, perdón, señor. Me parece que tengo un número equivocado. Disculpe la molestia.

Ejercicio 3   Answer the questions based on the preceding conversations.

1. ¿Por qué tenía Roberto que decirle a Felisa que escuchara el teléfono?
2. ¿Qué averiguó Felisa?
3. ¿Y qué le recomendó a Roberto que hiciera?
4. ¿A quién estaba llamando José?
5. ¿Estaba Isabel?
6. ¿Qué tenía José?
7. ¿Qué le dijo al interlocutor?

SITUACIONES

Actividad 1

You have rented an apartment in San Juan, Puerto Rico, and you are having problems with the telephone.

1. When you pick up the receiver, you cannot get a dial tone. The telephone must be out of order. Call the telephone company **(la telefónica)** and report the problem.
2. You just called someone and got a wrong number. Apologize to the person who answered.
3. You just received a call and the person evidently has the wrong number. Tell him.
4. You were on a long-distance call to home and you had a lot of static and other interference. Call the operator and tell her what happened. Ask her to please reconnect you. Tell her that you do not want to be charged for the original call.

Capítulo 2

El banco

Vocabulario

Las finanzas

el pago mensual

el pronto

el precio

el saldo

Read the following:

Quiero comprar un televisor a colores.
No quiero pagarlo *al contado.*
Lo voy a comprar *a plazos.*
La tienda ofrece *facilidades de pago.*
Tendré que pagar (hacer) un *pronto* del
  20 por ciento.
Y luego haré *pagos mensuales.*

in cash, all at once
on time, in installments
installment plan
down payment

monthly payments

Ejercicio 1   Match each word or expression in the first column with its definition in the second column.

1. _____ pagar al contado
2. _____ el pago mensual
3. _____ facilidades de pago
4. _____ el pronto
5. _____ a plazos

a. un plan que le permite al cliente hacer pagos mensuales
b. pagar varias veces, no de una sola vez
c. pagar el monto (total) en seguida
d. el pago inicial que se hace
e. un pago que se hace (se efectúa) cada mes

Read the following:

Quiero comprarme un carro.
Voy a *pedir (solicitar) un préstamo.*   *apply for a loan*
La *tasa* (El *tipo*) *de interés* está al 18 por ciento.   *interest rate*
La *fecha de vencimiento* de cada pago es el primero   *due date*
    del mes.
Y los Gómez van a comprar una casa. Necesitan
    una *hipoteca.*   *mortgage*

Ejercicio 2   Answer the following questions.

1. ¿Por qué va a pedir (solicitar) un préstamo la señora?
2. ¿Cuál es la tasa de interés?
3. ¿Cuándo tendrá que hacer cada pago?
4. ¿Tendrá que pagar un pronto?
5. Y los Gómez, ¿por qué quieren ellos un préstamo?
6. ¿Qué es una hipoteca?

Comunicación

Un préstamo

EMPLEADO   ¿En qué puedo servirle, Señor Villarreal?
CLIENTE   Pues, quiero pedir un préstamo. Aquí tengo la solicitud.
EMPLEADO   De acuerdo, señor. ¿Y para qué necesita Ud. el préstamo?
CLIENTE   Pues, pensamos comprarnos un carro y prefiero no
           pagarlo al contado.
EMPLEADO   ¿Y cuánto piensa Ud. pagar como pago inicial?
CLIENTE   El carro me va a costar diez mil y quiero pagar un pronto
           de dos mil.
EMPLEADO   Luego Ud. quiere (está solicitando) un préstamo de ocho
           mil. Está bien. Ud. tiene una cuenta en nuestro banco, ¿no?
CLIENTE   Sí, sí. Aquí tengo una cuenta de ahorros y una cuenta
           corriente.
EMPLEADO   Pues, no veo ningún problema. Y Ud. comprende que para
           préstamos personales la tasa de interés actual está al 18
           por ciento.
CLIENTE   Sí.

EMPLEADO Y la fecha de vencimiento de cada pago será el primero
          del mes por un plazo de tres años.
CLIENTE   De acuerdo.
EMPLEADO ¿Y cómo quiere Ud. que le hagamos el cheque?
CLIENTE   A nombre de Carros Penedés y Cía.
EMPLEADO Haré todo lo necesario para que Ud. consiga el préstamo.
          Vuelva Ud. mañana y tendré el cheque.
CLIENTE   Muchas gracias, señor.

Ejercicio 3 Complete the statements based on the preceding conversation.

1. El señor Villarreal está hablando con _____.
2. El está solicitando un préstamo porque _____.
3. El no quiere pagarlo _____.
4. El señor Villarreal quiere pagar un pronto _____.
5. En este banco el señor Villarreal tiene _____.
6. Actualmente la tasa de interés está _____.
7. El señor Villarreal tendrá que hacer un pago el primero de cada mes por _____.
8. El señor Villarreal quiere el cheque _____.

Ejercicio 4 Answer personally.

1. ¿Has pedido alguna vez un préstamo?
2. ¿Por qué querías el préstamo?
3. ¿Cuál fue (o es) la tasa de interés?
4. ¿El préstamo fue (o es) por un plazo de cuántos años?
5. ¿Cuánto fue (o es) el pago mensual?
6. ¿Y cuál fue (o es) la fecha de vencimiento del pago?

Ejercicio 5 Give the Spanish equivalent for each of the following terms.

1. to apply for a loan
2. to fill out the application
3. the present interest rate
4. a down payment of 20 percent
5. a period of ten years
6. the due date of the payment

SITUACIONES

Actividad 1

You are spending the summer with a family in Querétaro, Mexico. You tell them that upon returning home you have to buy yourself a car, probably a used one (**de ocasión, de segunda mano**).
1. They want to know if you will pay for it with cash. Answer them.
2. They want to know how much an average car costs in the United States. Tell them.
3. They want to know if you can apply for a loan to buy a car. Tell them.
4. They want to know what the present interest rate is for a personal loan. Tell them.
5. Now you want to know something about the buying habits of the Mexicans. Ask them whether people in Mexico buy things on the installment plan or if they pay cash.

Actividad 2

Make up a conversation between yourself and a banker. You are applying for a student loan for next year.

HOJAS DE LA VIDA

Actividad 1

Read the following stock market report.

MIXTO Y BAJO EL INDICE DOW

Nueva York (AP) En el Mercado de Valores ayer los precios cerraron mixtos, con el promedio* de industriales de Dow Jones cayendo por debajo del nivel de los 2.300.

Las acciones de petróleo, acero**, automovilísticas y de aerolíneas, todas perdieron para ayudar a balancear la mejoría que había en el sector de las computadoras.

El Dow Jones bajó 7,39 cerrando a 2.297,38. La mayor parte de la pérdida se produjo en la última hora de trans-acciones, después de haber estado ganando más de cuatro puntos al comenzar la sesión.

Los avances y pérdidas en general fueron casi iguales en la Bolsa de Nueva York, cuyo índice compuesto perdió 0,30 a 108,45.

El volumen de la pizarra principal fue el más alto en dos semanas, totalizando 108,27 millones de acciones contra 106,93 millones que se negociaron en la sesión anterior.

Wall Street ha estado estimulado por la reciente baja en las tasas de interés, incluyendo la reducción de medio punto a 9 1/2 por ciento en la tasa preferencial de la industria bancaria.

*average
**steel

Choose the correct completion based on the stock market report you just read.

1. El promedio de industriales de Dow Jones estuvo _____ el nivel de 2.300 ayer.
   a. sobre   b. bajo
2. Las acciones de las aerolíneas _____ ayer.
   a. subieron   b. bajaron
3. Los precios estaban más altos al _____ el día ayer.
   a. abrir   b. cerrar
4. El sector en que subió el valor era el de _____.
   a. computadoras   b. petróleo
5. El volumen total de transacciones era de _____.
   a. 108,27 millones   b. 108,45 millones
6. Según el artículo, las tasas de interés _____ recientemente.
   a. subieron   b. bajaron

In this article, there are several words that you probably have never learned. Nonetheless, it should be very easy to determine the meaning of these words from the context in which they are used in the article. Find the Spanish equivalent for each of the following terms.

1. The Big Board
2. prime rate
3. advances
4. composite index
5. interest rates
6. improvement
7. traded
8. shares (of stock)

You are having a conversation about the economy with a Spanish-speaking friend. Explain to her in Spanish that when interest rates are high, the price or value of stocks decreases. When interest rates go down, however, the value of stocks goes up. High interest rates encourage people to deposit their money in bank accounts.

Actividad 2

Read the following announcement from a newspaper in Caracas, Venezuela.

Su inversión contra la inflación
Su interés gana puntos
Activos líquidos
14% anual*
- Su dinero siempre está disponible
- Intereses calculados sobre saldos diarios
- Monto mínimo Bs. (Bolívares) 1.000
- Disponible en todas las agencias

del *BANCO CARACAS*

* Tasa efectiva anual asumiendo
reinversión de intereses

Find the Spanish equivalent for each of the following expressions in the advertisement you just read.

1. investment
2. reinvestment
3. liquid assets
4. daily balance
5. minimum amount
6. effective annual yield (or rate)

Actividad 3

Read the following advertisement for a television at a store in San Juan, Puerto Rico.

Televisor de 19" a colores
con control remoto inalámbrico
—15% de descuento
— financiamiento 10% de pronto
hasta 36 meses
Reg. 799.00   Esp. 679.00

Answer the questions based on the advertisement you just read.
1. What kind of television does the advertisement refer to?
2. What does the television come with?
3. What discount is the store offering?
4. How much do you need as a down payment?
5. How long can you take to pay?

Capítulo 3

Viajando por avión

Vocabulario

En el aeropuerto

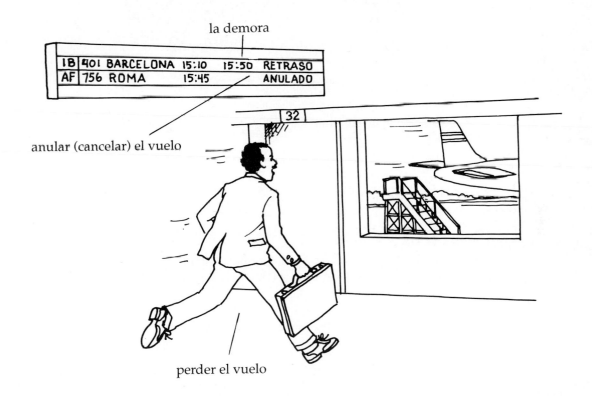

la demora

| IB | 401 | BARCELONA | 15:10 | 15:50 | RETRASO |
| AF | 756 | ROMA | 15:45 | | ANULADO |

anular (cancelar) el vuelo

perder el vuelo

El vuelo está *completo (lleno)*.   full
No hay ningún asiento *disponible*.   available
El avión llegó con una hora *de retraso*.   late

Ejercicio 1   Complete the following statements.

1. El avión salió antes de que yo llegara al aeropuerto. Yo _____ el vuelo.
2. ¿Y el próximo vuelo? No salió ni saldrá. (Ellos) Lo _____ porque había un problema mecánico.
3. Y en el tercer vuelo no había ningún asiento disponible. Estaba _____.
4. Yo tomé el último vuelo del día y éste llegó con dos horas de retraso. Había una _____ de dos horas a causa del tiempo.

Ejercicio 2   In your own words, explain the problem in Exercise 1.

Comunicación

En el mostrador de Iberia en Caracas

PASAJERO   Dígame, señor. ¿Ha salido el vuelo para Bogotá?
AGENTE   Sí, señor. Salió a tiempo a las catorce veinte.
PASAJERO   ¡Qué suerte! Perdí el vuelo porque había un
          embotellamiento en la carretera. ¿Me puede   *traffic jam*
          decir cuándo saldrá el próximo vuelo?
AGENTE   Pues, yo sé que a Bogotá no tenemos otra salida
          hoy, pero vamos a ver—me parece que Avianca
          tiene un vuelo. Sí, sí. Avianca tiene un vuelo que
          sale a las dieciséis cinco.
PASAJERO   ¡Qué bien! ¿Hay un asiento disponible?
AGENTE   Sí. ¿Me permite ver su boleto, por favor?
PASAJERO   Sí, ¡cómo no! ¿Tiene Avianca la misma tarifa que Uds.?
AGENTE   Sí, no hay ningún problema. Le puedo endosar el
          boleto a Avianca.
PASAJERO   Gracias.
AGENTE   ¡A sus órdenes!

Ejercicio 3   Answer the questions based on the preceding conversation.

1. ¿Cuándo salió el vuelo para Bogotá?
2. ¿Salió a tiempo o con una demora?
3. ¿Por qué perdió su vuelo el señor?
4. ¿Habrá otro vuelo hoy?
5. ¿Es con la misma línea aérea?
6. ¿A qué hora sale?
7. ¿Está completo?
8. ¿Tienen la misma tarifa las dos líneas?
9. ¿Qué hizo el agente con el boleto?

Ejercicio 4   Make up a sentence using each of the following words or expressions.

1. perder el vuelo
2. la tarifa
3. endosar
4. disponible
5. completo

En el mostrador de Avianca en Caracas

PASAJERO   Perdí mi vuelo con Iberia y quisiera tomar su vuelo
que sale a las dieciséis cinco para Bogotá.

AGENTE   Está bien pero Iberia tiene que endosar el boleto a
nosotros.

PASAJERO   Ya lo han hecho.

AGENTE   ¿Me permite ver el boleto, por favor?

PASAJERO   Sí. Y el agente de Iberia me dijo que hay asientos
disponibles en su vuelo.

AGENTE   Sí, hay. Pero siento informarle que el vuelo va a
llegar aquí de Madrid con dos horas de retraso y
en este momento estamos proyectando una demora
de tres horas en la salida para Bogotá.

Ejercicio 5   Complete the statements based on the preceding conversation.

1. El señor perdió _____.
2. Quiere tomar _____.
3. Iberia ha _____.
4. Hay _____.
5. El avión va a llegar _____.
6. Y va a salir para Bogotá _____.

Vocabulario

Abordo del avión

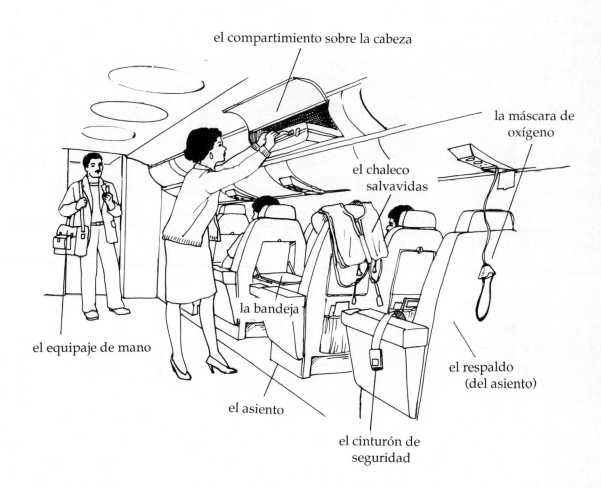

el compartimiento sobre la cabeza

la máscara de oxígeno

el chaleco salvavidas

el equipaje de mano

la bandeja

el asiento

el cinturón de seguridad

el respaldo
(del asiento)

Ejercicio 6   Identify each item in the illustration.

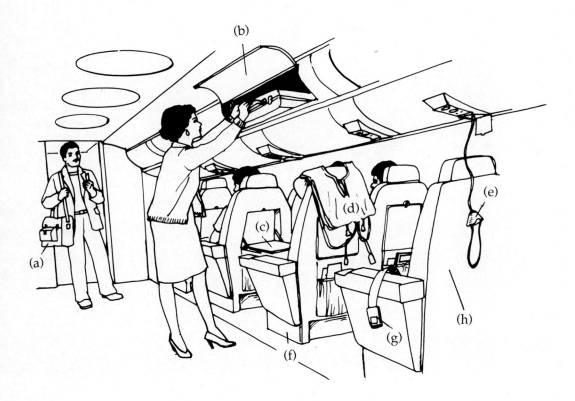

Comunicación

Durante el despegue y el aterrizaje, todo equipaje de mano tiene que caber debajo del asiento o en el compartimiento sobre la cabeza. Hay que poner el respaldo del asiento en posición vertical y poner la bandeja en su posición original.

En el caso imprevisto de un cambio en la presión del aire durante el vuelo, una máscara de oxígeno caerá automáticamente. Los cinturones de seguridad deben estar abrochados durante el despegue y el aterrizaje mientras estén sentados por si el avión encuentra turbulencia inesperada.

Ejercicio 7   Tell if the statements are true or false based on the preceding safety information. You may wish to correct any false statements.

1. Durante el despegue y el aterrizaje, los pasajeros pueden estar de pie en los pasillos del avión.
2. Es obligatorio ponerse la máscara de oxígeno durante el despegue y el aterrizaje.
3. En el caso imprevisto de un cambio en la presión del aire, un chaleco salvavidas caerá automáticamente.
4. Los pasajeros pueden poner su equipaje de mano en la falda (lap) durante el despegue y el aterrizaje.
5. El respaldo del asiento tiene que estar en posición vertical durante el despegue y el aterrizaje.

SITUACIONES

Actividad 1

You just arrived at Barajas Airport in Madrid.
1. It is posted on the monitor that your flight to Paris is delayed. Ask the agent why.
2. There is no new departure time posted. You want to know how much of a delay there will be. Ask the agent.
3. Ask the agent if there is any other flight that you can take to Paris.
4. Ask him what time it leaves and if the fare is the same. You also want to know whether the flight leaves from the same terminal or if you have to go to a different one.

HOJAS DE LA VIDA

Actividad 1

Read the following sign that unfortunately appears at JFK International Airport in New York.

**MANTENGASE ALERTA
CONTRA LOS CARTERISTAS**

To what problem does this notice direct itself?

Capítulo 4

La gasolinera

Vocabulario

Las piezas del motor

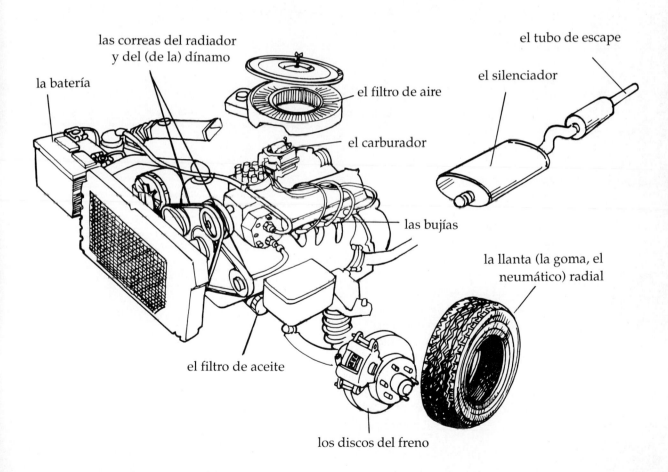

las correas del radiador
y del (de la) dínamo

el tubo de escape

la batería

el silenciador

el filtro de aire

el carburador

las bujías

la llanta (la goma, el
neumático) radial

el filtro de aceite

los discos del freno

Las averías

El auto se paró.
Hay una *avería*.   *breakdown*
El motor no *arranca (prende)*.   *start*
Tendré que pedir una *grúa*.   *tow truck*

Read the following:

El motor *se calienta*.   *overheats*
El motor *falla*.   *misses*
El motor no arranca.
El motor *golpea*.   *knocks*
La batería está *descargada*.   *dead*
El (La) dínamo (El generador) no está funcionando.
Los frenos están *gastados*.   *worn*
Los *amortiguadores* están gastados.   *shocks*
Las ruedas no están alineadas.
El mecánico hace las reparaciones.
Afina el motor. *Pone a punto* el motor.   *He tunes*
Le da un *engrase*.   *grease job*
Cambia las *zapatas del freno*.   *brake shoes*
Carga la batería.   *He charges*
Pone en alineamiento las ruedas.
Las gomas no son nuevas. Son *recauchadas*.   *retreaded*

Ejercicio 1   Complete the following statements.

1. El coche no camina (anda). Hay alguna _____.
2. La batería descarga. Se habrá partido la _____ del (de la) dínamo.
3. Hace mucho frío. Se me olvidó echarle anticongelante al _____.
4. Es difícil controlar la dirección. Las ruedas necesitarán _____.
5. Es muy incómodo andar en este coche. Creo que los _____ están gastados.
6. Y el ruido que sale del tubo de escape es terrible. Tendré que ponerle un nuevo _____.
7. Es difícil parar el coche. Estarán gastadas las _____ de los frenos.
8. Y si estos frenos no llevan zapatas, serán los _____.
9. El motor anda, pero muy mal, _____ mucho.
10. Voy a pedirle al mecánico que _____ el motor.
11. Probablemente le cambiará los filtros del _____ y del _____.
12. También le pondrá nuevas _____, una para cada cilindro.
13. Bueno. No quiero conducirlo en el estado en que está. Tendrán que llevarlo al mecánico con una _____.

Ejercicio 2   In your own words in Spanish, give someone the following information.

1. Your car is overheating. You think the fan belt is broken.
2. You hear a noise every time you step on the brakes. You think you probably need new brake shoes or discs.
3. Your engine keeps knocking even though you are using super unleaded gas. You should have your spark plugs checked.
4. You have a dead battery and you hope that they can recharge it so that you do not have to buy a new one.
5. Your car is making a terrible noise. You may need a new muffler.
6. It is difficult to start your engine.

Ejercicio 3   A driver who speaks only Spanish has some problems. Suggest what the problem might be.

1. Es muy difícil parar el coche.
2. También es difícil acelerar.
3. Es casi imposible controlar la dirección del coche en la carretera.
4. Es muy incómodo viajar en el coche.

SITUACIONES

Actividad 1

You are driving through Guatemala and your car breaks down.
1. You are sure your car has to be towed. Call for a tow truck.
2. The tow truck arrives. The driver is a mechanic. Explain that the engine stalled **(pararse)** and now it will not start.
3. Ask him how much it will cost to tow **(remolcar)** the car to the garage.
4. He asks you if you have insurance. Tell him.

Actividad 2

You are driving in a rental car in Puerto Rico and you get a flat tire. You are at the entrance to El Yunque National Park. Call the rental agency.
1. Tell them what happened.
2. They ask you if you know how to change a tire. Answer them.
3. Explain to them that the situation is very complicated. Not only do you have a flat tire, but you opened the trunk and the spare tire is also flat. No one checked it out before you left the agency. Tell them where you are.

Capítulo 5

Conduciendo

Vocabulario

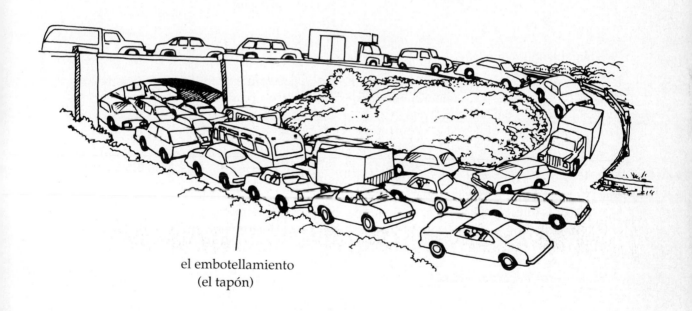

el embotellamiento
(el tapón)

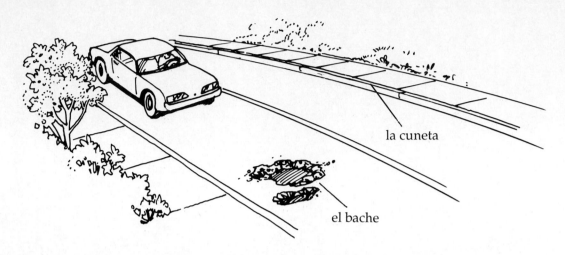

la cuneta

el bache

Read the following:

resbaladizo   una condición del camino que lo hace difícil mantener la tracción de los
   neumáticos; los caminos pueden estar resbaladizos a causa de la lluvia y del hielo
angosto   estrecho, no ancho
chocar   dar violentamente con otra cosa, por ejemplo, otro automóvil
las luces largas   las luces altas
las luces cortas (las luces de cruce)   las luces bajas
las luces de posición   las luces pequeñas amarillas
la calzada   el pavimento
la rasante   la línea media de una carretera que está en una colina
el retrovisor   el espejo de auto que permite al conductor ver lo que está detrás del auto

el asfalto
disminuir la velocidad

Ejercicio 1   Complete the following statements.

1. Yo vi todos los carros parados y traté de evitar el _____.
2. El camino que tomé era malísimo. Estaba lleno de _____.
3. Comparado con la autopista ancha, el camino era muy _____.
4. Si se conducía a la extrema derecha, era posible caer en la _____.
5. Además, había llovido mucho y el camino estaba muy _____.
6. Por eso no pude evitar _____ con el poste de telégrafos.

Ejercicio 2   **¿Qué paso?** Give a brief resumé in Spanish of the incident described in
Exercise 1.

Comunicación

Un accidente

POLICIA   Ud., señor. Explíqueme lo que ocurrió.
CONDUCTOR   Era de noche. Un coche venía hacia mí con las
               luces largas. No podía ver, salí de la calzada y
               caí en la cuneta.

Ejercicio 3   Answer the questions based on the preceding conversation.

1. ¿Cuándo conducía?
2. ¿Por qué salió de la calzada?
3. ¿Dónde llegó a parar el automóvil?

Un camino resbaladizo

POLICIA   ¿Más o menos a qué velocidad andaba Ud. cuando
               chocó con el poste de telégrafos?
CONDUCTOR   A unos 90 kilómetros. No me di cuenta del hielo.
POLICIA   La velocidad máxima es de 60 kilómetros por hora.
               Ud. conducía de manera descuidada y peligrosa,
               especialmente dadas las condiciones del camino.

Ejercicio 4   Answer the questions based on the preceding conversation.

1. ¿Cuáles son los dos factores que contribuyeron al accidente?
2. ¿Qué tiempo hacía?
3. ¿Cómo describe el policía la manera de conducir del conductor?

Una denuncia

POLICIA   La denuncia es por *adelantar en un cambio de rasante.*   *passing on a*
CONDUCTOR   Pero no había vehículo en dirección contraria.   *hill*
POLICIA   No importa, es prohibido.

Ejercicio 5   Answer the questions based on the preceding conversation.

1. ¿Por qué le denuncia el policía?
2. ¿Qué excusa le da el conductor?

Los accidentes

Las principales causas de accidentes en la carretera son el exceso de velocidad y el conducir bajo la influencia del alcohol o de las drogas. Cuando las condiciones son malas, por ejemplo, cuando la calzada está resbaladiza a causa de lluvia o hielo, se debe reducir la velocidad. Es importante prender las luces al anochecer y usar las luces cortas si hay tránsito en dirección contraria. También es importantísimo abrocharse siempre el cinturón de seguridad. Y quizás lo más importante es respetar las leyes, tener paciencia y ser cortés.

Ejercicio 6   Choose the correct completion based on the preceding paragraph.

1. Una de las mayores causas de accidentes es _____.
   a. el exceso de velocidad
   b. el uso de los cinturones de seguridad
   c. una calzada seca
2. Nunca se debe conducir bajo la influencia _____.
   a. de la lluvia
   b. del alcohol
   c. de la velocidad
3. Cuando hay hielo, el pavimento puede estar _____.
   a. oscuro
   b. resbaladizo
   c. reducido
4. Cuando hay lluvia o hielo, se debe _____.
   a. apagar las luces
   b. ir en dirección contraria
   c. reducir la velocidad
5. Si un coche viene en dirección contraria de noche, Ud. debe usar _____.
   a. las luces cortas
   b. las luces largas
   c. las luces de posición
6. Para protegerse en un accidente, se debe usar siempre _____.
   a. un pavimento resbaladizo
   b. las luces de cruce
   c. el cinturón de seguridad
7. Es importante respetar _____.
   a. la paciencia
   b. las leyes
   c. la carretera

Ejercicio 7   Answer personally.

1. Dónde tú vives, ¿hay muchos tapones?
2. ¿Cómo evitas los tapones?
3. En los EE.UU., ¿se prohibe adelantar en un cambio de rasante?
4. ¿Cuál es la velocidad máxima en la carretera donde tú vives?
5. ¿Es obligatorio el uso del cinturón de seguridad en tu estado?
6. ¿Cuáles son las mayores causas de accidentes donde tú vives?

El conductor prudente

Nunca excede la velocidad máxima permitida.
Disminuye la velocidad al llegar a un área muy transitada.
Obedece todas las señales de tránsito.
Señaliza antes de virar o doblar a la izquierda o a la derecha.
Mira en el retrovisor antes de hacer una maniobra.
Deja bastante espacio entre su coche y el vehículo en frente.
Al llegar a un cruce, siempre cede el paso a los vehículos que
    vienen por la derecha. Ellos tienen prioridad.
Nunca arranca ni frena bruscamente.
Está seguro que todo funciona bien en su vehículo—frenos,
    bocina (klaxon), luces, etc.
Siempre conduce con cuidado.

Ejercicio 8   Answer the following questions.

1. ¿Qué obedece siempre el conductor prudente?
2. ¿Cuándo debe disminuir la velocidad?
3. ¿Cuándo debe exceder la velocidad máxima?
4. ¿Qué debe hacer antes de doblar o virar?
5. ¿Cuándo debe mirar en el retrovisor?

Ejercicio 9   Make up a sentence using each of the following words or expressions.

1. la velocidad máxima
2. virar
3. señalizar
4. disminuir la velocidad
5. el cruce
6. ceder
7. la prioridad
8. el retrovisor

SITUACIONES

Actividad 1

It's a cold, rainy night in Santiago, Chile. You skid and bump the car in front of you. There is no evident damage **(daño)**. You speak to the driver. Apologize and explain how it happened.

Actividad 2

You are on a bus in San José, Costa Rica. A truck turned to the right in front of the bus, causing the bus driver to hit a telephone pole **(un poste)** to avoid a collision. The police want to arrest the bus driver. They ask you what happened. Tell them.

HOJAS DE LA VIDA

Actividad 1

Read the form on page 29. Then answer the questions based on the form.

1. What is the form?
2. What is the number of the license plate of the car?
3. What does the number W6470-631165 refer to?
4. Who is the owner of the vehicle?
5. What is the address of the owner?

Complete the statements based on the form you just read.

1. La marca del coche es _____.
2. El color del coche es _____.
3. La infracción ocurrió en la carretera _____.
4. El coche iba en dirección a _____.
5. La infracción ocurrió en la Provincia de _____.
6. La fecha de la denuncia es el _____.

Answer the questions based on the form you just read.

1. ¿Por cuánto dinero es la multa?
2. ¿Cuánto tuvo que pagar el conductor?
3. Explique la diferencia entre las dos cantidades.

Explain in English what the infraction was.

MINISTERIO DEL INTERIOR	1.— FECHA DENUNCIA		N.º EXPEDIENTE
JEFATURA PROVINCIAL DE TRAFICO	12-8-86	Hora 18'30	45 120359
DE TOLEDO			

2.— PRECEPTO INFRINGIDO

3.— LUGAR DENUNCIA	Articulo 30	C. Circulación ☑ DECRETO ☐ ORDEN	Pesetas 15.000
Vía N·IV	P. Kilométrico 86	Con dirección a	MADRID

4.— HECHO DENUNCIADO

ADELANTAR A UN CAMION DENTRO DE LOS CIEN METROS ANTERIORES A UN CAMBIO DE RASANTE, OCUPANDO LA PARTE IZQUIERDA DE LA CALZADA.

5.— DATOS VEHICULO

Matricula M-6707-6K
Clase TURISMO
Marca PEUGEOT
Modelo ROJO
Tara   P. M. A.
D.N.I. o N.I.F.   F. Nac.

Datos y firma denunciante
TRAFICO GUAR...

6.— DATOS CONDUCTOR

Nombre WOODFORD   1.er Apellido EMMANUEL   2.º Apellido
Calle o plaza BX 326 RR2 CHURCH
Ciudad TITUSVILLE   Provincia N.J.

Observaciones

7.— DILIGENCIA DE COBRO O DEPOSITO

DILIGENCIA: para hacer constar que el denunciado ha entregado la cantidad de (en letra)
DOCE MIL   pts.
como DEPOSITO del importe de la sanción reducida en un 20%
de acuerdo con lo estipulado en el artículo 288 del Código de la Circulación.
SON 12.000 PTS.

EL DENUNCIADO   EL DENUNCIANTE

8.— DATOS P. CONDUCCION

Núm. de permiso o D.N.I. 693111
WG470 631165
Expedido en N J
Fecha 1 85   Clase B
Fecha de Nacimiento 10 9 34

Firma Denunciado

9.— DATOS TITULAR O PERSONA QUE PRESTA CAUCION

Nombre AVIS. S.A   1er Apellido   2.º Apellido
Calle o plaza JOAQUIN BAU, 2
Ciudad MADRID   Provincia

Firma Persona que presta Caución

EJEMPLAR PARA EL DENUNCIADO   Mod. 7.011

Capítulo 6

Pidiendo y comprendiendo direcciones en la carretera

Vocabulario

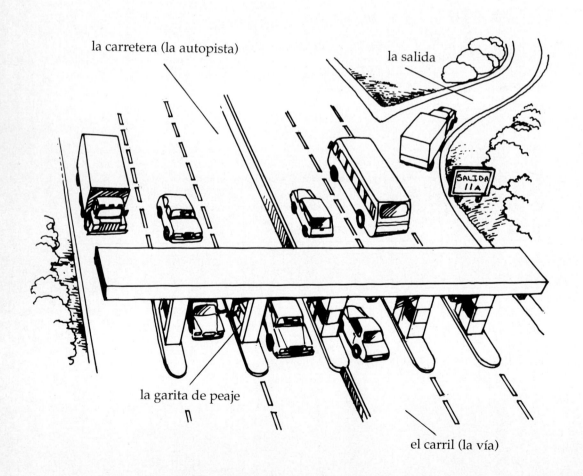

la carretera (la autopista)

la salida

la garita de peaje

el carril (la vía)

de sentido único

el rótulo

Ejercicio 1 Answer personally.

1. ¿Cuál es la carretera de mayor importancia cerca de su casa?
2. Hacia el norte, ¿a qué ciudad va?
3. Y hacia el sur, ¿a qué ciudad va?
4. ¿Cuántos carriles (Cuántas vías) tiene en cada sentido (cada dirección)?
5. La autopista principal de su estado, ¿es una carretera de peaje o no?
6. ¿Hay garitas de peaje a más o menos cada treinta kilómetros o sólo en las salidas?
7. ¿Hay carriles para el uso exclusivo de los que tienen el cambio exacto?

Comunicación

De San José a Santa Eulalia

Santa Eulalia está a doscientos kilómetros de San José. Para ir de San José a Santa Eulalia, tome la avenida del General Suárez para salir de la ciudad. Al llegar a las afueras, siga los rótulos que indican la carretera nacional 22. Tome la nacional 22 unos tres kilómetros hasta llegar a la autopista. Tome la autopista. Después de pagar el segundo peaje, quédese en el carril derecho porque Ud. va a salir en la primera salida que está a unos quinientos metros de la segunda garita de peaje. Al salir de la autopista verá Ud. un rótulo que indica la dirección a Santa Eulalia. Al llegar al rótulo doble a la derecha como indica y siga derecho. Esta es la nacional 32 y le llevará directamente a Santa Eulalia. Es un pueblo pequeño y la calle principal cruza la nacional 32. En el cruce de la nacional 32 y Mayor hay un semáforo.

Ejercicio 2 Write down the salient points you need to know to get from San José to Santa Eulalia based on the information you just read.

Ejercicio 3 In your own words, give someone directions from San José to Santa Eulalia.

SITUACIONES

Actividad 1

You are in Madrid and you have just rented a car. You are going to drive to Seville and you need directions.

1. You want to know how to get out of (leave) the city. Ask someone.
2. You want to know if there is an expressway to Seville. Ask someone.
3. You want to know if you have to pay a toll. Ask someone.
4. You want to know how many kilometers it is from Madrid to Seville. Ask someone.

HOJAS DE LA VIDA

Actividad 1

Look at the following international road signs that appear in Latin America.

(a) 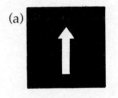   (b)   (c)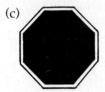

(d)   (e)   (f)    (g)

Match each expression with the correct road sign.

1. _____ No entrar
2. _____ Velocidad máxima
3. _____ Pare (Alto)
4. _____ No adelantar
5. _____ Prohibido doblar a la derecha
6. _____ No estacionar
7. _____ De sentido único

Capítulo 7

Pidiendo y comprendiendo direcciones a pie

Vocabulario

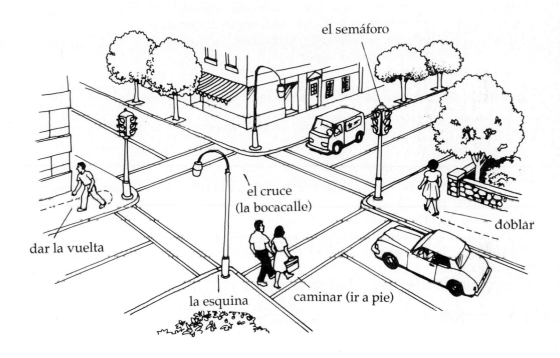

Ejercicio 1 Complete the following statements.

1. ¿El banco? Está en la dirección contraria (opuesta). Ud. tiene que _____.
2. Hay un _____ en la mayoría de los cruces principales de la ciudad.
3. El banco está en la _____ de la calle Serrano con Niza.
4. No es necesario tomar el autobús. Ud. puede _____.
5. Para llegar a la calle Cisneros, es necesario _____ a la izquierda en la avenida Cinco de Mayo.

Comunicación

¿Dónde está...?

UD.	Perdón, señor. ¿Dónde está la oficina de Aeropostal?
PEATON	Pues, está en la calle Bolívar. ¿Sabe Ud. dónde está (queda) la calle Bolívar?
UD.	No, lo siento. No sé.
PEATON	Pues, siga Ud. derecho hasta el tercer cruce o sea el primer semáforo.
UD.	El primer semáforo.
PEATON	Sí, y al primer semáforo, doble Ud. a la izquierda. Esta es la calle Príncipe. Siga Ud. dos cuadras más y a mano derecha verá Ud. la calle Bolívar. Doble Ud. a la derecha y la oficina de Aeropostal está en la esquina de Bolívar y Chamacayo.
UD.	Muchas gracias, señor.
PEATON	De nada.

Ejercicio 2 Answer the questions based on the preceding conversation.

1. ¿Qué está buscando Ud.?
2. ¿Sabe Ud. dónde queda la calle Bolívar?
3. ¿Hasta dónde tiene Ud. que seguir derecho?
4. ¿Qué hay en el cruce?
5. Para ir a la calle Bolívar, ¿doblas a la derecha o a la izquierda al llegar al tercer cruce?
6. ¿Cómo se llama esta calle?
7. ¿Cuántas cuadras más tiene Ud. que seguir?
8. ¿Está la calle Bolívar a mano derecha o a mano izquierda?
9. Al llegar a la calle Bolívar, ¿dobla Ud. a la derecha o a la izquierda para ir a la oficina de Aeropostal?
10. ¿La oficina está en la esquina de Bolívar y qué?

SITUACIONES

Actividad 1

You are traveling with a companion who does not speak Spanish. Whenever you have to ask for directions, your traveling companion wants to know what directions you were given. Interpret the following directions for him.

1. Siga Ud. derecho hasta la tercera bocacalle y luego doble a la izquierda.
2. Dé Ud. la vuelta y luego camine hasta el segundo semáforo.
3. Al segundo semáforo, doble Ud. a la derecha y luego siga derecho unas tres cuadras más.
4. A mano derecha enfrente de la casa de correos está la oficina que está buscando.

Capítulo 8

Comprando comestibles y otros productos para el hogar

Vocabulario

el paquete de espinacas congeladas

la lata (el bote) de atún

el rollo de papel higiénico

el frasco de aspirinas

la caja de jabón en polvo (polvo de jabón)

el envase de detergente líquido

el racimo de uvas

el envase de crema

la bolsa de papas fritas

la botella de agua mineral natural (sin gas)

el manojo (el atado) de zanahorias

la tajada de jamón

NOTE   A complete list of food items appears on pages 39-42. This is a reference list; do not try to memorize it. This list also appears in the other books in this series.

Read the following:

¿Cómo se dice *slice* en español? Es una pregunta problemática porque hay varias maneras de decirlo.

tajada   La palabra **tajada** es una palabra general que se puede usar con muchas cosas, por ejemplo: **una tajada de queso, una tajada de jamón, una tajada de melón.** Pero la palabra **tajada** no se usa con el pan.

rebanada   La palabra **rebanada** se usa con el pan: **una rebanada de pan, una rebanada de torta.** Pero esta palabra se oye con otras cosas también como **una rebanada de pescado.**

lonja (loncha)   La palabra **lonja** o **loncha** se usa frecuentemente refiriéndose a la carne: **una lonja de rosbif, una lonja de jamón.**

raja   La palabra **raja** es otra que se usa para muchas cosas. Se puede decir: **una raja de pescado, una raja de limón, una raja de salchichón.**

rueda   La palabra **rueda** se refiere a una rebanada de un comestible redondo *(round):* **una rueda de limón, una rueda de naranja, una rueda de salchichón.**

rodaja   La palabra **rodaja** es un sinónimo de **rueda.**

Es justo decir que el término para *sliced* que se usa con más frecuencia es **rebanado: el queso rebanado, el pan rebanado.** Con bastante frecuencia se oye también **tajado.**

En fin, Ud. debe usar las palabras **rebanada** y **tajada** y sólo reconocer las otras.

Ejercicio 1   How do the following items usually come packaged?

1. el detergente líquido
2. el detergente en polvo
3. las toallas de papel
4. el atún
5. las zanahorias frescas
6. las espinacas congeladas
7. el vino
8. la crema
9. la leche
10. los huevos
11. el papel higiénico

Comunicación

En la carnicería

CARNICERO	Sí, señor. ¿En qué puedo servirle?
CLIENTE	Póngame dos chuletas de cordero, por favor.
	No muy *delgadas*.
CARNICERO	¿Así de *grueso*?
CLIENTE	Sí, perfecto.
CARNICERO	Son setecientos gramos. ¿Y qué más, señor?
CLIENTE	Una lonja de lomo.
CARNICERO	El lomo que tenemos hoy resulta un poco caro
	pero está bien tiernecito.
CLIENTE	Es verdad que *tiene muy buena pinta*.
CARNICERO	¿Y algo más, señor?
CLIENTE	No, nada más gracias. ¿Cuánto le debo?

thin

thick

it looks good

Ejercicio 2 Answer the questions based on the preceding conversation.

1. ¿Dónde está el señor?
2. ¿Con quién está hablando?
3. ¿Está comprando chuletas de cordero o de cerdo?
4. ¿Cuántas quiere?
5. ¿Cómo las quiere?
6. ¿Cuánto pesan las chuletas?
7. ¿Y qué más quiere el señor?
8. ¿Cómo le sale hoy el lomo? ¿Es una ganga *(bargain)*?
9. ¿Cómo está el lomo?

SITUACIONES

Actividad 1

You are living for a while in Marbella, in southern Spain. You are in the grocery store doing some of your shopping. The clerk is waiting on you. You need the following items. Tell him.

1. a bottle of red wine **(tinto)**
2. a bottle of mineral water without gas
3. a roll of paper towels
4. two rolls of toilet paper
5. a can of tuna
6. a can of sardines in mustard
7. a container of cream

8. a container (bottle) of liquid detergent
9. a box of nuts
10. a box of soap powder
11. a box of teabags **(bolsitas)**
12. a package of frozen peas
13. a bunch of fresh carrots

Actividad 2

After leaving the grocery store, you go to your favorite butcher shop. You want to buy the following items. Tell the butcher.
1. four lamp chops (Tell him you want the lamb chops rather thick.)
2. two sirloin filets
3. two chicken breasts

Foods (Los comestibles)

Vegetables (Los vegetales, las legumbres)

artichoke   la alcachofa, la cotufa
asparagus   los espárragos
beans   las judías, los frijoles, las habichuelas, los porotos
beans (green)   las judías verdes, los ejotes, las vainitas, las chauchas, los porotos verdes, las verduras
beet   la remolacha, el betabel, la beteraga, la betarraga
broad beans   las habas
broccoli   el brocolí
brussels sprouts   la col de Bruselas, los bretones
cabbage, red   la col morada
caper   la alcaparra
carrot   la zanahoria
cassaba   la yuca
cauliflower   la coliflor
celery   el apio
chard   las acelgas
chick peas   los garbanzos
chicory   la achicoria
corn   el maíz, el elote, el choclo
cucumber   el pepino
eggplant   la berenjena
endive   la escarola, la endibia
garlic   el ajo
leek   el puerro
lentils   las lentejas
lettuce   la lechuga
lima beans   las habas de lima, las habaitas pallares
mushroom   la seta, el champiñón, el hongo
onion   la cebolla
parsnip   la chirivía
peas   los guisantes, los chícharos, las alberjas
peppers   los pimientos, los morrones, los poblanos, los ajíes, los chiles
potato   la papa, la patata
pumpkin   la calabaza, el zapallo

radish   el rábano
rice   el arroz
spinach   las espinacas
squash   el calabacín, el zapallo
sweet potato   la batata, el camote
turnip   el nabo
watercress   los berros
zucchini   el calabacín

Fruits (Las frutas)

apple   la manzana
apricot   el albaricoque, el damasco
avocado   el aguacate, la palta
banana   el plátano, la banana, el guineo
blackberry   la mora
cherry   la cereza, la guinda
coconut   el coco
currant   la grosella
date   el dátil
fig   el higo
grape   la uva
grapefruit   la toronja, el pomelo
guava   la guayaba
lemon   el limón
lime   la lima, el limón
melon   el melón
orange   la naranja, la china
papaya   la papaya
peach   el melocotón, el durazno
pear   la pera
pineapple   la piña
plum   la ciruela
pomegranate   la granada
prune   la ciruela pasa
raisins   las (uvas) pasas
raspberry   la frambuesa
strawberry   la fresa, la frutilla
tomato   el tomate, el jitomate
watermelon   la sandía
wild strawberry   la fresa silvestre

Meats (Las carnes)

bacon   el tocino
beef   la carne de res, el bife
blood pudding   la morcilla
brains   los sesos
cold cuts   los fiambres
filet mignon   el lomo fino
goat   el cabrito, el chivo
ham   el jamón
hard sausage   el chorizo
heart   el corazón
kidneys   los riñones
lamb   el cordero, el borrego
liver   el hígado
meatballs   las albóndigas
oxtail   el rabo de buey (de toro), la cola de res
pork   el cerdo, el puerco, el chancho
sausage   la salchicha
suckling pig   el lechón, el cochinillo
sweetbreads   las mollejas
tongue   la lengua
tripe   la tripa, el mondongo, los callos,
    las pancitas, el menudo
veal   la ternera

Fish and shellfish (Pescados y mariscos)

anchovies   las anchoas, los boquerones
barnacles   los percebes
bass   el robalo, la lubina
clams   las almejas, las conchas
cod   el bacalao
crab   el cangrejo;   *land crab*   la jaiba,
    el juey
crayfish   la cigala
eel   la anguila
flounder   el lenguado, el rodaballo,
    la platija
frogs' legs   las ancas de rana
grouper   el mero
hake   la merluza
herring   el arenque
lobster   la langosta
mackerel   la sierra
mussel   el mejillón, la cholga

octopus   el pulpo
oyster   la ostra, el ostión
plaice   la platija
prawns   los camarones, los langostinos,
    las gambas
red snapper   el guachinango, el pargo,
    el huachinango, el chillo
salmon   el salmón
sardine   la sardina
sea bass   el mero, la lubina, el robalo
sea urchin   el erizo
shrimp   el camarón, la gamba, el langostino
snail   el caracol
sole   el lenguado
squid   el calamar, el chipirón
swordfish   el pez espada
trout   la trucha
tuna   el atún
turbot   el rodaballo
weakfish   la corbina
whiting   el romero

Fowl and game (Aves y caza)

capon   el capón
chicken   el pollo
duck   el pato
goose   el ganso
partridge   la perdiz
pheasant   el faisán
pigeon   el pichón
quail   la codorniz
squab   el pichón
turkey   el pavo, el juajolote

Parts for meat and fowl (Las partes de la carne y las aves)

breast (fowl)   la pechuga
chop   la chuleta
chopped meat   la carne picada, la carne tajada
filet   el filete
lean cut of pork   el magro
leg (fowl) el muslo;   *(meat)*   la pierna
loin   el lomo
rib   la costilla

Condiments, sauces, and spices
(Condimentos, salsas y especias)
anise el anís
annatto el achiote
basil la albahaca
bay leaf el laurel
capers las alcaparras
cinnamon la canela
coriander el cilantro, el culantro
dill el eneldo
garlic el ajo
ginger el jengibre
ketchup la salsa de tomate, el catsup
marjoram la mejorana
mayonnaise la mayonesa, la mahonesa
mint la menta
mustard la mostaza
nutmeg la nuez moscada
oregano el orégano
paprika el pimentón dulce
parsley el perejil
pepper la pimienta; *red hot pepper*
    el ají, la guindilla, el chile
rosemary el romero
saffron el azafrán
salt la sal
sesame el ajonjolí
tarragon el estragón
thyme el tomillo
vanilla la vainilla

Eggs (Los huevos)
fried eggs los huevos fritos
hard-boiled eggs los huevos duros
poached eggs los huevos escalfados
scrambled eggs los huevos revueltos
soft-boiled eggs los huevos pasados por
    agua, los huevos tibios

Sweets (Los dulces)
cake el pastel, la torta, la tarta, el queque
candy el caramelo, el dulce, la confitura,
    el bombón
caramel custard el flan

gelatin la gelatina
honey la miel
ice cream el helado
jam la mermelada
sponge cake el bizcocho, el bizcochuelo
syrup el jarabe, el sirope, el almíbar
tart la tarta

Beverages (Las bebidas)
aperitif el aperitivo
beer la cerveza; *tap beer* la cerveza de
    barril, la cerveza de presión
cider la sidra
coffee el café; *black coffee* el café solo;
    coffee with milk el café con leche;
    expresso el café exprés
juice el jugo, el zumo
lemonade la limonada
milk la leche
milk shake el batido
mineral water el agua mineral; *carbonated*
    con gas; *noncarbonated* sin gas
soda la soda, la gaseosa, la cola
tea el té; *iced tea* el té helado
wine el vino; *red wine* el vino tinto;
    white wine el vino blanco

Miscellaneous
baking powder el polvo de hornear
biscuit la galleta
bread el pan
butter la mantequilla
cheese el queso
cornstarch la maicena
cream la crema, la nata
egg yolk la yema de huevo
gravy la salsa
juice el jugo, el zumo
lard la manteca
noodles los fideos
nuts las nueces (*s.* la nuez)
oil el aceite
olive la aceituna
olive oil el aceite de oliva

peanut   el cacahuate, el cacahuete, el maní
roll   el panecillo, el bollo, el bolillo
sandwich   el bocadillo, el sándwich

spaghetti   los espaguetis, los tallarines
sugar   el azúcar
vinegar   el vinagre

Capítulo 9

El restaurante

Vocabulario

Algunos problemas

La comida está fría.	
La carne está demasiado cruda.	
La carne está demasiado hecha (asada).	
La carne está muy *dura*.	tough
Las legumbres están *sobrecocidas*.	overcooked
El escalope está *quemado*.	burned
La salsa está muy *salada*.	salty
La salsa está muy *azucarada*.	sweet, sugary
La salsa está demasiado *picante*.	spicy, hot
No *huele* bien.	smell
Huele mal.	
Está *podrido*.	bad, rotten

El vino está *agrio*.   *sour*
Sabe a vinagre.   *It tastes like*
Está *pasado*.   *turned, spoiled*
La leche está *cortada*.   *sour*
Está pasada.
El mantel está *sucio*.   *dirty*

NOTE   A complete list of food items appears on pages 39-42. A list of ways in which foods are frequently prepared appears on page 46.

Ejercicio 1   Give the opposite of each of the following words.

1.- caliente
2. tierno
3. dulce
4. bien
5. limpio
6. sin condimentos

Ejercicio 2   Make up three statements with each expression.

1. oler (huele)
2. saber a
3. pasado
4. demasiado

Ejercicio 3   Complete the following mini-conversations.

1. —¿Qué te pasa? ¿No te gusta?
   —No, la salsa debe estar caliente y la verdad es que está _____.
   —Llame al camarero a que la devuelva a la cocina a recalentarla.

2. —¿Qué te pasa?
   —Hay algo aquí que no huele bien.
   —Tienes razón. Es esta almeja. Huele mal. ¡Cuidado! No la comas. Si huele así, tiene
     que estar _____.

3. —¡Qué dulce está la salsa vinagreta!
   —Es verdad. No me gusta mucho. Está muy _____.

4. —¿Te gusta este vino?
   —Francamente no.
   —Ni a mí tampoco. _____ vinagre.
   —Debe de estar _____. Voy a llamar al mesero.

5. —¡Qué _____ está el mantel!
    —Está totalmente manchado. Voy a decirle al mesero que nos lo cambie.

6. —¡Ay, bendito! Toma. La leche está cortada.
    —¿Estás loco? No la voy a tomar. Huele mal. Está _____.

7. —Estas legumbres no tienen ningún sabor.
    —Yo estoy de acuerdo. Y además están muy blandas *(soft)*.
    —La verdad es que están _____.

8. —No me gusta el biftec.
    —¿Por qué?
    —Yo lo pedí a término medio y está _____.
    —Llama al mesero que te traiga otro.

9. —Esta salsa tiene un sabor agrio.
    —Yo sé por qué. Está _____.

10. —De ninguna manera me gusta este plato.
    —¿Por qué? ¿Qué tiene?
    —Creo que el cocinero vació *(emptied)* el salero.
    —¿Está muy _____?

SITUACIONES

Actividad 1

You are in a restaurant and you are not enjoying your meal at all. The sauce on your meat is very salty and you cannot eat it. The vegetables are so overcooked they are tasteless and, to add to the problem, the wine tastes like vinegar. It must have turned. Call the waiter over and explain the predicament to him.

Actividad 2

You are in a restaurant and you are having a slight problem. You ordered a steak rare and the one they served you is too well-done for you. In addition, you ordered a baked potato and the waiter brought you fried potatoes. Call him over and explain the problem.

Actividad 3

You are in a restaurant and you cannot believe what is happening. You ordered soup and it had a bug **(bicho)** in it. You called the waiter over and told him about it. Rather than returning the soup to the kitchen, he simply took the bug out of the soup with a tablespoon. In order not to create a scene, you did not say anything else, but you could not eat the soup. When you got the check, you noticed that they charged you for the soup. You are irate. Call the manager or proprietor over and tell him what happened.

HOJAS DE LA VIDA

Actividad 1

Read the cartoon. Then, in your own words, tell what the cartoon is about.

—¡Mira! Incluyeron la mosca
que estaba en la sopa.

Ways of Preparing Foods (Maneras de preparar la comida)

baked   asado (al horno)
boiled   hervido
breaded   empanado
broiled   a la parrilla
chopped   picado
deep fried   a la romana
dipped in egg or batter   rebozado
fried   frito
grilled   a la parrilla, a la plancha,
      a la(s) brasa(s)

in its own juices   en su jugo
marinated   en escabeche, escabechado
poached   escalfado
roasted   asado
sautéed   salteado
smoked   ahumado
steamed   al vapor
stewed   estofado

Capítulo 10
Preparando la comida

Vocabulario

Las preparaciones hechas de antemano

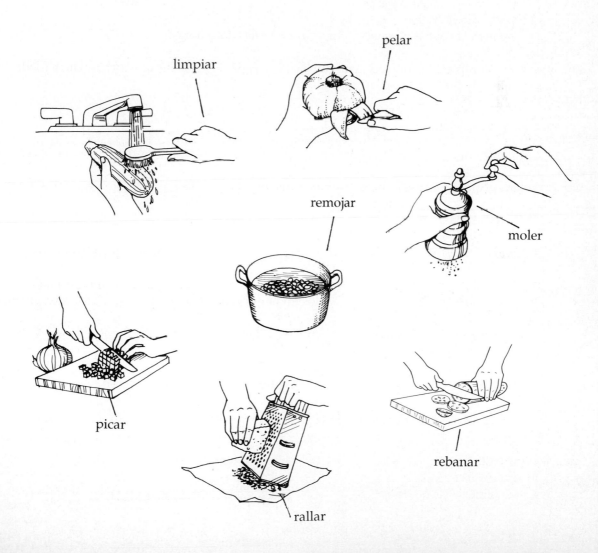

limpiar

pelar

remojar

moler

picar

rallar

rebanar

Read the following:

> Se limpian (lavan) las legumbres.
> Las papas están limpiadas y *rebanadas*.   *sliced*
> Se pican las cebollas.
> Es una cebolla picada fina.
> Es una cebolla picada gruesa.
> Se pelan los tomates.
> Se pelan con un cuchillo bien *afilado*.   *sharp*
> Se ralla el queso.
> Es el queso rallado.
> Se muele la pimienta.
> Es la pimienta molida.
> Es el *pan (seco) molido (rallado)*.   *bread crumbs*
> Se remojan las habas.
> Se ponen las habas a remojar (por, durante) unas doce horas.

NOTE   A complete list of food items appears on pages 39-42. A list of ways in which foods are frequently prepared appears on page 46.

Ejercicio 1   Complete the following statements.

1. Cuando uno va a preparar una comida grande, hay muchas cosas que uno debe hacer _____.
2. Para algunas recetas es necesario tener una cebolla picada _____ y para otras, una cebolla _____ gruesa.
3. De todas maneras es una buena idea _____ la cebolla _____, o sea, previamente.
4. Quiero tener todas las legumbres _____ y _____ antes de que lleguen los invitados.
5. —¿Qué opinas? ¿Es necesario _____ los tomates que voy a usar en la ensalada?
   —No, no es necesario _____ los tomates pero hay que _____ las papas antes de freírlas.
   —¿Quieres que yo te ayude? Yo te puedo pelar las papas.
6. ¿Te gusta la pimienta recién _____ en la ensalada?
7. Con los espaguetis, ¿te gusta el queso _____?
8. ¿Dónde está la caja de pan _____? Quiero empanar las pechugas de pollo.

Ejercicio 2   Tell what you usually have to do with the following before using them for cooking.

1. las frutas
2. las cebollas
3. los dientes (*cloves*) de ajo
4. la pimienta
5. las papas que se van a freír
6. las papas que se van a asar

La cocción

Se pone (monta) al fuego.   Se quita (baja, retira) del fuego.

Read the following:

Se cocina (cuece) a fuego lento.
                   a fuego mediano.
                   a fuego rápido.

derretir	*Se derrite* la mantequilla.	*Melt*
batir	*Se baten* los huevos.	*Beat*
disolver	Se disuelve la gelatina.	
mezclar	*Se mezclan* los ingredientes.	*Mix*
combinar	Se combinan los ingredientes.	
verter	*Se les vierte* el aceite encima.	*Pour*
sazonar	*Se sazonan* las legumbres al gusto.	*Season*
colar	*Se cuela* el zumo (el jugo) de un limón.	*Strain*
freír	*Se fríen* las cebollas hasta (que estén) doradas.	*Fry*

Se añade (Se le agrega) la salsa.   *Add*
Se tapa.   *Cover.*
Se destapa. (Se quita la tapa.)   *Uncover.*

Se cocina a fuego lento hasta que el líquido esté reducido.
                                    el líquido se reduzca.
                                    se consuma el líquido.

Se revuelve (Se le da vueltas) ligeramente.	*Stir, Mix/lightly*
Se revuelve *con rapidez.*	*quickly*
Se revuelve ligeramente hasta *espesar.*	*it thickens*
Se lleva a la ebullición.	*Bring it to a boil.*
Se deja hervir cinco minutos.	*Let it boil*
Se deja *reposar.*	*set*
Se apaga.	*Turn off the flame.*
Se mantiene en *bajo calor* hasta el momento de servir (ser servido).	*low heat*

Ejercicio 3   Give a synonym for each of the following.

1. Se quita la tapa.
2. Se pone la tapa.
3. Se baja del fuego.
4. Se monta al fuego.
5. Se cocina lentamente.
6. Se combinan los ingredientes.
7. Se le agrega una cucharada de aceite de oliva.
8. Se le da vueltas.

Ejercicio 4   Give the opposite of each of the following.

1. Se enfría.
2. Se retira del fuego.
3. Se cuece a fuego lento.
4. Se revuelve con rapidez.
5. Se destapa.

Ejercicio 5   Complete the following statements.

1. _____ un toque de mantequilla en una sartén.
2. _____ los huevos en un bol (cuenco).
3. _____ los ingredientes en una cacerola.
4. _____ la gelatina en una taza de agua caliente.
5. _____ las legumbres ligeramente en dos cucharadas de mantequilla derretida.
6. _____ la harina con la mantequilla y _____ ligeramente a fuego bajo (lento) hasta _____ .

Las recetas

Most recipes and directions for cooking are given using either the **se** form of the verb, the command, or the infinitive. Familiarize yourself with the command forms of the following verbs if you plan to read or give a recipe.

limpiar limpie	**derretir derrita**	
picar pique	**batir bata**	
pelar pele	**disolver disuelva**	
rallar ralle	**verter vierta**	
moler muela	**colar cuele**	
remojar remoje	**agregar agréguele**	
cocinar cocine	**revolver revuelva**	
cocer cueza	**dar vueltas déle vueltas**	
llevarse llévese	**apagar apague**	

Ejercicio 6   Complete the following mini-conversations.

1. —Yo te puedo ayudar. ¿Cómo quieres las cebollas picadas?
   —Déjame ver. Esta receta lleva dos cebollas picadas no finas, sino _____.
   —De acuerdo. Dame un cuchillo y yo te _____ y _____ las cebollas.
   —Aquí tienes un cuchillo. Pero yo no sé si está bien _____. Pruébalo.

2. —¿Quieres que yo te limpie los hongos?
   —No, gracias. Yo los tengo ya _____ y _____.
   Están en la nevera. Pero sabes, quiero preparar una _____ de vinagre y limón para vertérsela encima. Me puedes _____ un limón y luego _____ el zumo. Me hacen falta dos _____ de jugo de limón.

3. —Cuando tú preparas una salsa de tomate para los espaguetis, ¿usas tomates frescos o enlatados (en lata)?
   —¿Yo? Todo fresco.
   —Y antes de cocinarlos, ¿los _____ o no?
   —Sí, sí. Siempre pongo tomates _____ en la salsa. Y _____ la salsa con pimienta negra _____, un poco, o mejor dicho, una pizca de sal, orégano y perejil.
   —¿Sirves los espaguetis con queso _____?

Ejercicio 7   Express the following in Spanish. Do not translate word-for-word.

1. Cover and cook over a low flame for five minutes.
2. Uncover, add one pat (dab) of butter and stir lightly until the sauce thickens.
3. Strain the juice of one lemon, add the juice to the sauce, and stir lightly. Add a pinch of salt.

4. Bring the water to a boil and then let it boil for ten minutes.
5. Uncover and cook slowly over a low heat until the liquid is reduced.
6. Chop the onions and two cloves of garlic and add to the tomatoes in the skillet. Put two tablespoons of olive oil on the tomatoes, mix all the ingredients together, and stir lightly over a medium heat.

SITUACIONES

Actividad 1

You happen to like to cook and you are discussing foods with a friend in Antigua, Guatemala. Give your friend the recipe for one of your favorite dishes.

HOJAS DE LA VIDA

Actividad 1

Read the following recipe for a Guatemalan specialty.

SOPA DE TORTILLA

La sopa de tortilla, muy popular en Guatemala, es un buen sustituto de las papas y el arroz; puede acompañar el plato principal.

Ingredientes:

12 tortillas de maíz picado
3 cucharadas de mantequilla o margarina
3 cucharadas de cebolla picada

3 cucharadas de tomate picado
1/4 taza de menta u orégano
sal al gusto
3/4 taza de agua o caldo de res

Cocción:

Se cortan las tortillas en tiras anchas y luego se cortan éstas formando rombos. Se derrite la mantequilla o margarina en una sartén a fuego mediano. Se añaden las tortillas y se doran ligeramente diez minutos. Se agregan la cebolla, el tomate, la menta o el orégano y la sal. Se combina todo bien y se fríe dos minutos más. Se añade el agua o el caldo, se tapa la sartén y se cocina a fuego lento durante diez minutos. Se destapa y se deja en el fuego otros cinco minutos hasta que se consuma el líquido. Después de añadir el agua no se debe revolver la mezcla porque las tortillas se pueden desmenuzarse. Esta receta rinde seis porciones.

Give the Spanish equivalent for each of the following expressions.

1. yields
2. teaspoonful
3. main course

4. portions
5. substitute
6. break into pieces

Explain this recipe to someone in English.

Actividad 2

Read the following recipe for an Italian salad, which appeared in a Spanish magazine.

Ingredientes:

4 pimientos morrones
   rojos y 4 amarillos
5 cucharadas de aceite
   de oliva
2 o 3 dientes de ajo
   pelados y en
   rebanadas

pimienta negra
   recién molida
1 o 2 cucharadas de
   perejil fresco
picado

Preparación:

Se pelan los pimientos pasándolos directamente
sobre el fuego y dándoles vuelta con frecuencia
hasta que la piel esté ligeramente quemada. Se
dejan enfriar y se les quita la piel. Se quitan
también rabos y semillas. Con un cuchillo
bien afilado se cortan los pimientos quemados
en tiras delgadas. Se colocan las tiras en un
platón y se les vierte encima el aceite y el ajo; se
agregan pimienta negra al gusto y el perejil.
Se revuelve ligeramente y se deja reposar media
hora para que los sabores se combinen. Esta
ensalada es ideal para acompañar carnes frías o
asadas.

Without looking at the recipe again, in your own words in Spanish, try to explain the most important details of it.

Capítulo 11

Comprando ropa

Vocabulario

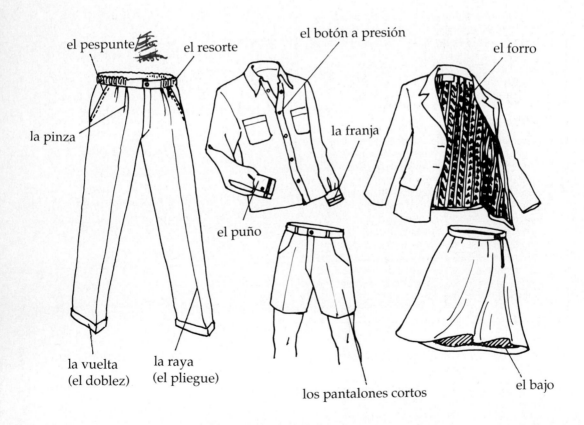

NOTE   A complete list of articles of clothing and fabrics appears on page 61.

Ejercicio 1   Match each description with the appropriate illustration.

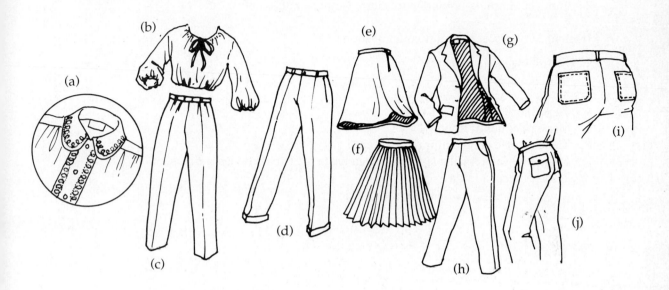

1. ____ Tiene pespuntes en la franja.
2. ____ Tiene resorte en la cintura y en los puños.
3. ____ Tiene pliegues al frente.
4. ____ Tiene vueltas.
5. ____ Tiene bajo.
6. ____ Tiene botones a presión.
7. ____ Tiene pinzas.
8. ____ Tiene forro.
9. ____ Tiene bolsillos laterales.
10. ____ Tiene bolsillos atrás.
11. ____ Tiene bolsillos pespunteados.

Ejercicio 2   Answer personally.

1. ¿Estás llevando pantalones? *(If you answer* no, *go on to Exercise 3).*
2. ¿De qué tela son los pantalones que estás llevando?
3. ¿Tienen bolsillos los pantalones? ¿Cuántos?
4. ¿Dónde están los bolsillos?
5. ¿Están pespunteados los bolsillos?
6. ¿Los pantalones tienen pliegues al frente?
7. ¿Están forrados los pantalones?

8. ¿Tienen vueltas o no?
9. ¿Tienen resorte en la cintura o es necesario llevar cinturón?
10. ¿De qué color son los pantalones?
11. ¿Tienen bragueta?
12. ¿Tiene la bragueta botones o un cierre (una cremallera)?

Ejercicio 3   Answer the following questions.

1. ¿Estás llevando una falda?
2. ¿De qué tela es?
3. ¿De qué color es?
4. ¿Tiene bajo?
5. ¿Tiene pliegues al frente?
6. ¿Tiene resorte en la cintura?
7. ¿Llega justo a la rodilla la falda o llega hasta más abajo de las rodillas?
8. ¿Tiene pinzas la falda?

el saco holgado

el saco cruzado

el conjunto de
tres piezas

La camiseta (El suéter) tiene rayas verticales
   y horizontales.
Al frente hay rayas anchas.
En las mangas de la camisa hay rayas
   delgadas (finas).

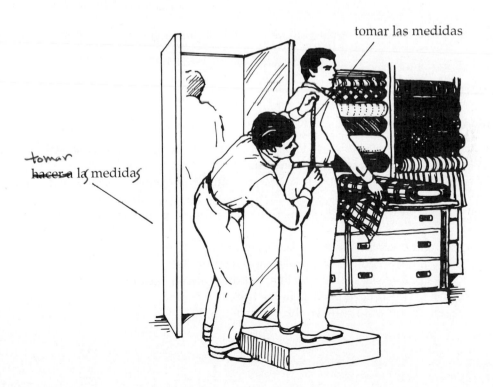

tomar las medidas

tomar
~~hacer~~ a las medidas

Ejercicio 4   In your own words, describe each illustration.

Ejercicio 5   Describe exactly what you are wearing at this moment. Be as thorough as you can.

SITUACIONES

Actividad 1

You are in a men's clothing store in Mexico City. You are interested in buying a jacket and a pair of pants. A salesperson is waiting on you.

1. The salesperson wants to know if you want a single- or double-breasted jacket. Tell him.
2. He wants to know if you prefer something close-fitting or something a bit loose. Tell him.
3. He wants to know if you prefer a classic cut or a sporty cut. Tell him.
4. He wants to know if you have a preference in fabric. Tell him.
5. You try on a pair of slacks that you like, but there are no back pockets. Tell the salesperson that you want pockets in the back.
6. He asks you if you want cuffs on the pants. Tell him.

Actividad 2

You are in a women's clothing store in Mexico City. You are interested in buying a skirt. The salesperson is waiting on you.

1. The salesperson wants to know if you want a skirt with pleats or without pleats. Tell her.
2. She wants to know if you prefer something close-fitting or something a bit loose. Tell her.
3. She wants to know if you prefer a classic look or something a bit more sporty. Tell her.
4. She wants to know if you have a preference in fabric. Tell her.
5. She wants to know if you want a gathered waist or whether you prefer to wear a belt. Tell her.
6. She wants to know what length skirt you like. Tell her.
7. She wants to know if you want pockets on the skirt. Tell her.

HOJAS DE LA VIDA

Actividad 1

Read the following introduction to a fashion article, which appeared in a Spanish magazine.

Lo serio en el trabajo
Los colores para las reuniones con los amigos y las amigas
Esta línea relajada propone eliminar la corbata; la ausencia de esta prenda simbólica abre las puertas a combinaciones modernas y permite una renovación de la indumentaria masculina. Los italianos proponen la camiseta o la camisa deportiva.

Los modistas no vacilan en contrastar diversas piezas de los trajes: Armani lanza nuevamente el pantalón bermuda para el día y lo combina con un saco muy estricto y clásico.

Choose the correct response based on the introduction you just read.

1. ¿Qué clase de línea está introduciendo o lanzando el modista?
   a. relajada   b. seria   c. renovada
2. ¿Qué tiene la ropa que está lanzando?
   a. corbatas   b. prendas   c. colores
3. ¿Cuál es una prenda que falta?
   a. la corbata   b. la camiseta   c. la indumentaria

Do the following.

En sus propias palabras, describa una combinación interesante que está lanzando el modista.

Actividad 2

Read the following description of a unique new outfit. It happens to be for a man, but it could be unisex.

Juvenil conjunto de Armani que reintroduce el pantalón bermuda para el día; resulta curioso el contraste entre, por un lado, playera y bermuda (apretados y con dos tonos ligeramente distintos) y, por el otro, el saco muy clásico y serio, cruzado, con rayas verticales y seis botones.

In your own words, describe the outfit you just read about.

Clothing (La ropa)

bathing suit   el traje de baño, el bañador, bikini   el slip

belt   el cinturón

blouse   la blusa

blue jeans   los blue jeans, los pantalones (de) vaquero, los mahones

boot   la bota

brassiere   el sostén, el corpiño

button   el botón

dress   el vestido

evening gown   el vestido de fiesta (de gala)

gloves   los guantes

half-slip   las enaguas

handkerchief   el pañuelo

hat   el sombrero

jacket   el saco, la chaqueta, la campera, la americana

necktie   la corbata

nightgown   la camisa noche, el camisón

outer jacket   el blusón

overcoat   el abrigo

pajamas   las pijamas

panties   los pantis, las bragas, las bombachas

pantyhose   los pantis

pocketbook   el bolso, la bolsa

raincoat   la gabardina, el impermeable, el piloto

robe   la bata, el albornoz, el deshabillé

sandals   las sandalias

scarf   la bufanda

shirt   la camisa

shoe   el zapato

shoelace   el cordón, el pasador

short pants   los pantalones cortos

skirt   la falda, la pollera

slip   la combinación

slipper   el zapatillo, la zapatilla, la chinela

sneaker   el tenis

socks   los calcetines, las medias

stockings   las medias

suit   el traje (completo)

sweater   el suéter, el jersey

trousers   el pantalón

tuxedo   el smoking

underpants   los calzoncillos

undershirt   la camiseta

vest   el chaleco, la remera

Fabrics (Las telas)

blend   la combinación, la mezcla

corduroy   la pana

cotton   el algodón

cotton blend   el algodón mezclado

denim   el denim, el algodón asargado

flannel   la franela

knit   (tejido) de punto

leather   el cuero

linen   el lino

nylon   el nilón

plush   la felpa

polyester   el poliéster

silk   la seda

suede   el ante, la gamuza

virgin wool   la lana virgen

wool   la lana

worsted wool   la mezclilla

shrinkable   que se encoge

synthetic   sintética

washable   lavable

wrinkle-resistant   inarrugable

Capítulo 12

La tintorería

Vocabulario

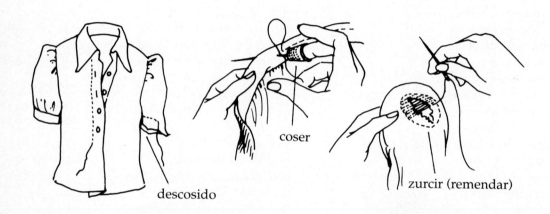

descosido

coser

zurcir (remendar)

el rasgón

la mancha

El suéter se encogió.

NOTE   A complete list of articles of clothing and fabrics appears on page 61.

Ejercicio 1   Describe each illustration.

Comunicación

En la tintorería

CLIENTE	Señora, ¿me puede limpiar en seco este blusón?
EMPLEADA	Sí, cómo no, señorita. Pero Ud. sabe que está manchado, ¿no?
CLIENTE	Sí, sí. Yo sé que tiene una mancha en la manga. *Se quitará*, ¿no?
EMPLEADA	Pues, no sé. ¿De qué es?
CLIENTE	Me parece que es de café.
EMPLEADA	Pues intentaré quitársela, pero no se lo puedo asegurar (garantizar).

It will come out

Ejercicio 2   Complete the statements based on the preceding conversation.

1. En la tintorería van a limpiar en seco _____.
2. Pero el blusón _____.
3. La mancha está _____.
4. La mancha es _____.
5. La señora que trabaja en la tintorería no sabe si la mancha _____.
6. Ella va a _____.
7. Pero no puede _____.

En la tintorería

CLIENTE	Este suéter, ¿me lo pueden lavar?
EMPLEADA	¿Este suéter de punto? No, señor. Es de lana y se encogerá si lo lavamos.
CLIENTE	¿Se encogerá?
EMPLEADA	Sí, sí. Pero no hay problema. Se lo podemos limpiar en seco.
CLIENTE	De acuerdo.

Ejercicio 3   Explain in your own words why the sweater mentioned in the preceding conversation cannot be washed.

En la tintorería

CLIENTE	Señorita, este abrigo ya es un poco viejo, pero es tan cómodo que me da lástima *botarlo*. Pero, mire Ud., el forro está descosido. ¿Lo puede recoser?
EMPLEADO	Sí, sí. El sastre lo podrá hacer fácilmente.
CLIENTE	Y aquí en el hombro hay un rasgón. ¿Es posible remendarlo?
EMPLEADO	Pues, esto es un poco más difícil. Cuando vuelva el sastre, le tendré que preguntar si lo puede zurcir.

get rid of it

Ejercicio 4   Answer the questions based on the preceding conversation.

1. ¿Es nuevo el abrigo?
2. ¿Por qué no lo quiere botar la señora?
3. ¿Qué le ha pasado al forro?
4. ¿Es posible recoserlo?
5. ¿Dónde tiene un rasgón el abrigo?
6. ¿Lo podrán remendar en la tintorería?

SITUACIONES

Actividad 1

You are on a long trip and you finally have to get your laundry done. You decide you will get it done in Madrid before leaving for the smaller towns in the South.

1. You have three shirts that you want washed and ironed. Tell the clerk and explain that you do not want any starch.
2. Show her your pullover. Explain to her that it is a wool knit. Ask her if it will shrink.
3. She tells you that it will definitely shrink if they wash it. Tell her to dry-clean it.
4. You have an outer jacket **(blusón)** and a button is missing. Ask the clerk if they can dry-clean the jacket and sew on the missing button.
5. The clerk wants to know when you will need everything. Explain to her that you are leaving the day after tomorrow **(pasado mañana).** Tell her that you would like to have the clothes tomorrow afternoon.

Capítulo 13

El hospital

Vocabulario

El personal del hospital

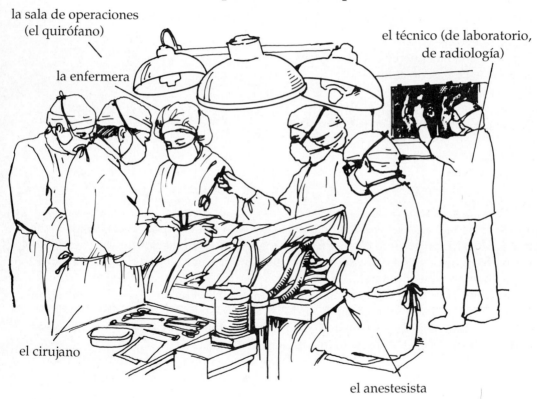

la sala de operaciones
(el quirófano)

el técnico (de laboratorio,
de radiología)

la enfermera

el cirujano

el anestesista

Read the following:

El paciente se somete a una operación (una intervención quirúrgica).
El paciente está en la mesa de operaciones.
El paciente está anestesiado.
El cirujano le opera al paciente del apéndice.
El paciente ha sufrido una apendicitis.
Después de la operación, el paciente va a la sala de restablecimiento (recuperación).

tomar la presión (tensión) arterial

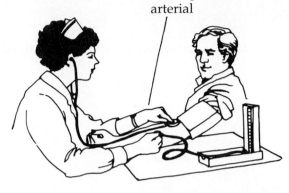

alimentar por vía intravenosa

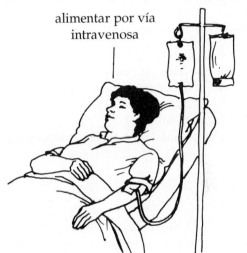

dar oxígeno

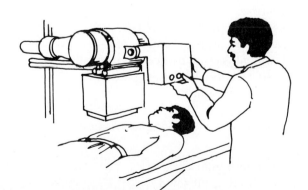

tomar una radiografía (tomar unos rayos x [equis])

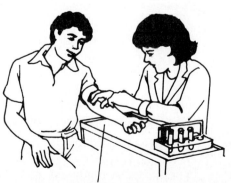

tomar una muestra de sangre

Ejercicio 1   Answer the following questions.

1. ¿Quién le opera a un paciente (le hace una intervención quirúrgica)?
2. ¿Quién le da la anestesia al paciente antes de una operación?
3. ¿Quién le toma los rayos x al paciente?
4. ¿Quién hace los análisis de sangre?
5. ¿Quién les ayuda a los médicos y cirujanos en el hospital?

Ejercicio 2   In your own words in Spanish, give four customary pre-operative procedures.

Ejercicio 3   Complete the following statements.

1. El paciente va _____.
2. El paciente está en la _____.
3. Ellos le ponen encima de la _____.
4. El cirujano le opera _____.
5. Le alimentan por _____.
6. Después de operarle le llevan al paciente a _____.
7. Le dan _____ para que pueda respirar fácilmente.

Read the following:

En muchos países hispanos los hospitales están bajo la dirección de un ministerio o departamento del gobierno, el Ministerio de Salud Pública, la Dirección de Sanidad o similar. En general, el cuidado médico en los hospitales es gratis. Todos los gastos se cubren bajo un seguro social. La calidad del servicio médico varía de país en país y de región en región. También existen clínicas privadas, que son hospitales para las personas que pueden pagar y que prefieren no ir a los hospitales públicos. Hay también dispensarios donde tratan a los pacientes que sufren de una herida o enfermedad menos grave. Hoy se ven unos centros médicos dedicados específicamente al trato del SIDA, del alcoholismo y de la adicción a las drogas. En España y otros países hispanos, los precios de los medicamentos están estríctamente controlados. En muchos casos, el seguro social cubre los gastos para todas las medicinas recetadas por un médico u hospital.

Ejercicio 4   Give the Spanish equivalent for each of the following words or expressions based on the information you just read.

1. private hospitals
2. medical care
3. Ministry of Public Health
4. drug addiction
5. AIDS
6. minor injuries
7. strictly controlled
8. prescribed
9. social security
10. alcoholism

Read the following:

La señora Gutiérrez está *embarazada*.	*pregnant*
Ella está sufriendo *dolores de parto*.	*labor pains*
Ella está en la *sala prenatal*.	*labor room*
Ella va a *parir (dar a luz)* pronto.	*deliver, give birth*
La llevan a la *sala de partos*.	*delivery room*
El obstétrico (médico) la cuida.	
Ella da a luz a un varón (una niña).	

En los países industrializados y en las grandes ciudades las mujeres embarazadas van al hospital para el parto. Allí hay especialistas en obstetricia y ginecología. No obstante, en el campo todavía es frecuente que la mujer dé a luz a su hijo con sólo la ayuda de una partera. La partera muchas veces no tiene más que los conocimientos que le ha dado la experiencia de ayudar a muchas mujeres (o pocas) a parir.

Ejercicio 5 Complete the following statements.

1. La señora está _____. Va a tener un hijo.
2. Está sufriendo dolores de _____. Por eso está en _____.
3. Las enfermeras la van a llevar pronto a _____.
4. Ella va a _____ en la sala de partos.
5. El médico que la cuida es el _____.

Ejercicio 6 Answer the following questions.

1. ¿Para qué van las mujeres embarazadas al hospital?
2. ¿En qué es especialista el médico que trata a las mujeres embarazadas?
3. ¿Quién les ayuda a las mujeres en el parto en el campo?
4. ¿Cómo aprende la partera su oficio?
5. ¿Cómo se dice «partera» en inglés?

SITUACIONES

Actividad 1

A Spanish-speaking friend asks you about your hospital experience. You have quite a story to tell.
1. You had an attack of appendicitis.
2. You went to the emergency room at the local hospital.
3. They told you you needed an operation.
4. A nurse took your blood pressure and a blood sample.
5. They put you on an operating table in the operating room.
6. The anesthetist gave you anesthesia.

7. In the recovery room, you woke up and found they were giving you oxygen and feeding you intravenously.
8. You were hospitalized for two days.
9. Every time you fell asleep, the nurses woke you up to take your temperature and your blood pressure.

HOJAS DE LA VIDA

Actividad 1

Read the advertisement, which appeared in a Mexican newspaper. Then answer the questions based on the advertisement.

1. ¿Cómo se llama el doctor?
2. ¿Cuál es su especialización?
3. ¿Para qué es el anuncio?
4. ¿Dónde se podrá ver al médico?
5. ¿A qué hora se le podrá ver?
6. ¿Cuál es el tema del programa?

Explain in English the statement that begins, "El Dr. Emilio Pietro explicará…"

"Pregúnteselo a su médico..."
Programa Invernal

Tópico: Bebés Prematuros
Médico Visitante: Dr. Emilio Pietro, Neonatología
Fecha: Sábado, 24 de noviembre, a las 11:30 A.M., Canal 48-KTMD

El Dr. Emilio Pietro explicará cómo se está salvando la vida de los pequeñísimos bebés prematuros, que hubieran fallecido hace sólo 10 años.

Parts of the Body (Las partes del cuerpo)

ankle   el tobillo
arm   el brazo
back   la espalda
bladder   la vejiga
body   el cuerpo
bone   el hueso
brain   el cerebro, el seso
breast   el pecho
cheek   la mejilla
chest   el pecho
chin   la barba, la barbilla
collarbone   la clavícula
ear   la oreja
elbow   el codo
eye   el ojo
eyebrow   la ceja
eyelash   la pestaña
eyelid   el párpado
face   la cara
finger   el dedo
foot   el pie
forehead   la frente
gallbladder   la vesícula
gum   la encía
hand   la mano
head   la cabeza
heart   el corazón
heel   el talón
hip   la cadera

jaw   la mandíbula
joint   la articulación
kidney   el riñón
knee   la rodilla
kneecap   la rodillera, la rótula
leg   la pierna
lip   el labio
liver   el hígado
lung   el pulmón
mouth   la boca
muscle   el músculo
nail   la uña
neck   el cuello
nerve   el nervio
nose   la nariz
rib   la costilla
shoulder   el hombro
skin   la piel
stomach   el estómago
temple   la sien
thigh   el muslo
throat   la garganta
thumb   el dedo pulgar
toe   el dedo del pie
tongue   la lengua
tonsils   las tonsilas, las agallas, las amígdalas
tooth   el diente
vein   la vena

Capítulo 14

El recreo cultural

Vocabulario

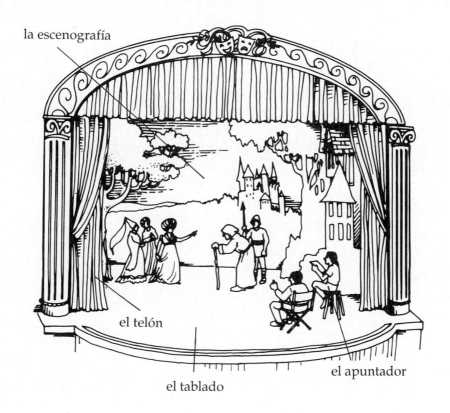

la escenografía

el telón

el tablado

el apuntador

Read the following:

la galería los asientos baratos en el lugar más alto del teatro

el guión el papel donde está escrito lo que tienen que decir los actores en el cine o teatro

la trama la historia que se desarrolla en un drama o una comedia

el desenlace el final o el punto en que se resuelve el drama o la comedia

el parlamento el discurso de un actor, por ejemplo, el soliloquio de Hamlet

el elenco el grupo de actores en una obra

los personajes   los caracteres, por ejemplo, Julio César y Marco Antonio en la tragedia de Shakespeare
el intermedio   el descanso entre dos actos
el vestuario   la ropa que llevan los actores
el ademán   el gesto
hacer el papel   interpretar un rol; Marlon Brando hizo el papel del «Padrino».
el estreno   la primera vez que se pone una película o una obra de teatro
el montaje   la selección y ordenación del material filmado
el montador   el responsable del montaje
el camarógrafo   el (la) que opera la cámara cinematográfica

Ejercicio 1   Match each word or expression in the first column with its English equivalent in the second column.

1. ____ el gesto
2. ____ el acto
3. ____ la escena
4. ____ el talento
5. ____ la acción
6. ____ la sátira
7. ____ la tragedia
8. ____ la producción
9. ____ la realidad
10. ____ el programa
11. ____ el protagonista
12. ____ el dramaturgo
13. ____ el intérprete
14. ____ filmar
15. ____ imitar
16. ____ recitar
17. ____ interpretar

a. program
b. interpreter
c. dramatist
d. satire
e. protagonist
f. to interpret
g. scene
h. to imitate
i. talent
j. production
k. act
l. to film
m. tragedy
n. reality
o. gesture
p. actor
q. to recite

El teatro

El elenco, los técnicos, los productores, el director, todos quieren que su obra sea un gran éxito. A veces ocurre lo contrario, y la presentación de la obra puede ser un fracaso rotundo. Aunque el público no los ve, porque están *entre bastidores,* los actores esperan nerviosos las palabras de los críticos de teatro. El teatro es mucho trabajo. Dos funciones cada noche y un solo día de descanso, el lunes.

in the wings, behind the scenes

Ejercicio 2   Complete the following paragraph.

El autor de la comedia es uno de los mejores del país. Desde el momento en que se
levanta el _____ hasta el final de la última _____ del último _____ el
público goza. Los actores que _____ los diferentes _____ son excelentes.
¡Qué actores! El _____ es estupendo. El papel más importante, el del _____,
lo hace su mejor _____, Julián Maza. Es un placer escucharle _____. Cuando
recita el famoso _____ al final del tercer acto, todo el mundo—los que están en la
orquesta y los que están en la _____—se emocionan.

Ejercicio 3   Choose the correct completion.

1. Un actor muy malo interpreta el papel de ese _____.
   a. montador   b. personaje   c. dramaturgo
2. El exagera todo, con su voz y con sus _____.
   a. ademanes   b. desenlaces   c. estrenos
3. El pobre no tiene ningún _____ para actor.
   a. programa   b. montaje   c. talento
4. Nunca puede terminar un parlamento sin la ayuda del _____.
   a. apuntador   b. camarógrafo   c. intérprete
5. ¡Qué lástima! El _____ contiene unos bellos parlamentos.
   a. tablado   b. intermedio   c. guión
6. La _____ tiene que ver con el amor entre dos estudiantes.
   a. trama   b. escenografía   c. galería
7. Como los amantes mueren al final, debe ser una _____.
   a. acción   b. producción   c. tragedia
8. Pero como lo interpreta el galán, es más bien una _____.
   a. sátira   b. escena   c. trama
9. Lo único bonito es el decorado, la _____ es preciosa.
   a. galería   b. realidad   c. escenografía
10. No, no es verdad. El _____ también es bello. Todos llevan ropa elegante.
    a. papel   b. talento   c. vestuario
11. No hay otra cosa en el _____ que valga la pena.
    a. foyer   b. estreno   c. tablado
12. No voy a esperar a ver el _____ de la obra.
    a. desenlace   b. vestuario   c. gesto
13. Durante el _____ después del primer acto voy a escaparme.
    a. intermedio   b. tablado   c. ademán
14. Esta noche fue el _____. No llegará a la segunda noche.
    a. desenlace   b. guión   c. estreno

El cine

El cine es popular en todas partes. Muchos países tienen estudios para filmar o rodar películas. Y en los lugares más remotos hay proyectores para proyectar una película en la pantalla. Al principio el cine era mudo, es decir, no había sonido. Más tarde se les añadió sonido a las películas, y ahora tenemos el cine sonoro. Se puede cambiar el sonido. Una película en alemán se puede doblar al español. Las películas dobladas son muy comunes en Europa y en Latinoamérica. No obstante, muchas personas prefieren ver las películas en versión original, aunque tengan que llevar subtítulos. Los cines de estreno, donde salen por primera vez las películas, son más caros que los cines donde ponen películas más viejas. Los cines de estreno tienen sesiones numeradas. Los cines baratos tienen sesiones continuas.

Ejercicio 4   Choose the correct completion.

1. En los Estados Unidos, _____ la mayoría de las películas en Hollywood.
   a. recitan   b. ruedan   c. proyectan
2. Van a _____ la película porque es una película francesa.
   a. doblar   b. imitar   c. filmar
3. Si tú no comprendes la versión original, puedes leer _____.
   a. el desenlace   b. los subtítulos   c. el programa
4. Los actores y las actrices forman el _____.
   a. elenco   b. desenlace   c. guión
5. ¿Han doblado la película?   No, he visto _____.
   a. el estreno   b. la versión original   c. la sesión continua

Comunicación

¿Cine o teatro?

ELENA   ¿Por qué prefieres el teatro al cine?
RAFAEL   Porque requiere más talento. Mira. Los actores tienen
que aprender de memoria el guión. Sus gestos y su voz
tienen que llevar hasta la galería. Los de cine pueden
recitar un parlamento y parar de filmar.
ELENA   Y los de teatro necesitan un apuntador, por si acaso.
Además la escenografía nunca puede imitar la realidad
que se ve en el cine. Y los ademanes y la voz. ¡Exagerados!

RAFAEL   No hay nada como una obra en tres actos de un gran
           dramaturgo, con un elenco bueno y un buen director de
           escena en un bello teatro.
ELENA   ¡Y la acción limitada a lo que cabe en el tablado!
RAFAEL   Verás esta noche que yo tengo razón.

Ejercicio 5   Answer the questions based on the preceding conversation.

1. ¿Por qué cree Rafael que los actores de teatro son superiores a los actores de cine?
2. ¿Qué cosas negativas dice Elena acerca de los actores de teatro?
3. ¿Cuáles son las cosas en el teatro que le entusiasman a Rafael?
4. Para Elena, ¿cuál es un defecto del teatro?
5. ¿Adónde cree Ud. que ellos van esta noche?

SITUACIONES

Actividad 1

You are having a refreshment at intermission at the Teatro María Guerrero. Your friend
wants your opinion about the play.

1. She asks you what you think so far. Tell her that it is only the end of the first act.
2. She asks you what you think about the plot. Tell her that you find it a little hard to
   follow.
3. You think the cast is excellent. Tell her.
4. She asks you if you know that the playwright is very famous. Answer her.

Actividad 2

You are leaving the movies after seeing a wonderful film in Santiago. You thought every
role was interpreted to perfection. The leading lady was excellent. Whoever wrote the script
is a genius. The scenery was incomparable and the ending was perfect. You thought it was
the finest production you have seen. Explain this to a reporter who asks you what you
thought of the movie.

Actividad 3

Your friend, an exchange student from Argentina, wants to know something about theater in the United States. Give your opinion.

1. Your friend asks you who your favorite American playwright is. Tell him.
2. He wants to know the title of your favorite play and why you like it. Tell him.
3. He asks you about the major roles in the play and the actors you prefer to interpret these roles. Explain.
4. He wants to know whom you consider to be the best director. Tell him.

HOJAS DE LA VIDA

Actividad 1

Read the following advertisement.

Answer the questions based on the advertisement you just read.

1. ¿Es nueva la obra? ¿Qué lo indica?
2. ¿Es un anuncio para el cine o para el teatro? ¿Cómo se sabe?
3. ¿Quiénes no deben ir a ver la obra?
4. ¿Quiénes son los autores que escribieron la obra?
5. ¿Cuál es la profesión de Alfredo Mayo?
6. ¿Quién es el director?
7. ¿Quién es el montador?
8. ¿Dónde se puede ver la obra?

Capítulo 15

La familia

Vocabulario

las gemelas
(las mellizas)

Read the following:

los vínculos   las cosas que forman una unión entre una persona y otra
el parentesco   la relación de pariente que una persona tiene con otra persona
la sangre   el líquido vital de color rojo que corre por las venas y las arterias
contraer matrimonio   casarse
soltero(-a)   no ser casado(-a)
viudo(-a)   una persona cuyo(-a) esposo(-a) ha muerto
el (la) prometido(-a)   una persona que promete casarse con alguien
el nacimiento   la acción de nacer
criar   alimentar y cuidar a un niño
el estado civil   la condición de casado(-a), soltero(-a), divorciado(-a), etc.
el antepasado   uno de sus antecesores
el adoptado   el que es adoptado
el adoptivo   el que ha adoptado

Ejercicio 1   Match each word or expression in the first column with its English equivalent in the second column.

1. ____ el antecesor	a. divorced
2. ____ la consanguinidad	b. orphan
3. ____ la generación	c. baby
4. ____ la relación	d. adoption
5. ____ la adopción	e. separated
6. ____ el huérfano	f. to descend (to come from)
7. ____ el (la) bebé	g. consanguinity
8. ____ divorciado	h. generation
9. ____ separado	i. ancestor
10. ____ descender	j. relation

Ejercicio 2   Complete the following puzzle.

Si tu padrastro es el esposo de tu madre pero no es tu padre, entonces tu madrastra sería la _____ de tu padre, pero no es tu _____. Y tu hijastro es el _____ de tu esposo o tu esposa, pero no es tu _____. Si tu madrastra tiene un hijo, ese hijo es tu _____. Y si tiene una hija, ella es tu _____.

Ejercicio 3   Choose the correct completion.

1. El (bebé/antepasado) más lejano que conozco es mi abuelo.
2. Mi abuelo (nació/descendió) hace más de ochenta años.
3. Sus padres murieron cuando tenía dos años y se quedó (viudo/huérfano).
4. Sus tíos lo recogieron y ellos lo (casaron/criaron).
5. El se (casó/crió) con mi abuela en 1950.
6. Mi abuela se murió el año pasado y él se quedó (viudo/huérfano).

Ejercicio 4   Complete the following statements.

1. Mi hermano y yo nacimos el mismo día. Somos _____.
2. Mi padre es viudo. Su nueva esposa es mi _____.
3. Ella tiene una hija que es mi _____.
4. Aunque no hay _____, es como si fuéramos de la misma sangre.
5. Somos una familia muy unida, con muy fuertes _____ entre nosotros.

Comunicación

La burocracia

LA BUROCRATA   ¿Fecha y lugar de nacimiento, por favor?
EL HOMBRE   Nací el 8 de octubre, 1965, en San Antonio.
LA BUROCRATA   ¿Nombres y apellidos de los padres?
EL HOMBRE   Me criaron los padrastros, me quedé huérfano cuando bebé.
LA BUROCRATA   ¿Tienen algún parentesco con Ud. los padrastros?
EL HOMBRE   No, no hay ninguna consanguinidad, pero sí eran mis padrinos.
LA BUROCRATA   ¿Y cuándo lo adoptaron?
EL HOMBRE   No sé la fecha de adopción. Tengo una hermana gemela. Ella lo sabrá.

Ejercicio 5   Answer the questions based on the preceding conversation.

1. ¿Dónde estarán las personas que hablan?
2. ¿En qué año nació el hombre y dónde?
3. ¿Qué edad tenía el hombre cuando sus padres murieron?
4. ¿Quiénes eran los padrastros?
5. ¿Cuándo nació la hermana del hombre?

Ejercicio 6   Answer the government agent's questions based on your own situation.

1. ¿Fecha y lugar de nacimiento, por favor?
2. ¿Cuál es su estado civil?
3. ¿Nombres y apellidos de sus padres?

SITUACIONES

Actividad 1

You are passing through Immigration in Chile. An Immigration Service officer needs some information from you.
1. She asks you for the date and place of your birth. Tell her.
2. She wants to know your marital status. Tell her.
3. She asks you if you are traveling with any relatives. Tell her.

Actividad 2

You are on an undercover government assignment in Latin America. You are being questioned by the authorities.
1. They ask you to identify yourself. Your cover is as an orphan who was raised in Panama. Tell them.
2. They want to know who raised you and where they are now. Your stepfather and stepmother are dead. Tell them.
3. They want to know your marital status. You are separated from your spouse. Tell them.
4. They ask if you have any relatives. Tell them that your only blood relative is a twin sister.
5. They want to know where she is now. Tell them you do not know who adopted her.

Actividad 3

You are a reporter and your assignment is to interview the Conde de Sinforoso.
1. You want to know from whom he is descended. Ask him.
2. You want to know if he has any famous ancestors. Ask him.
3. Ask him if his family has ties with the royal family **(la familia real).**
4. You have heard that the queen was his godmother. Ask him if it is true.

HOJAS DE LA VIDA

Actividad 1

Read the following pages from a family booklet common in many Spanish-speaking countries.

Serie J № 611629 MINISTERIO DE JUSTICIA DIRECCION GENERAL DE LOS REGISTROS Y DEL NOTARIADO **LIBRO DE FAMILIA** **EXPEDIDO PARA** D*Jose Luis Eduardo Gaviria y Soto* y D*ª de la Esperanza Garcia y Rivas* (Si sólo hay un titular, déjese en blanco el espacio correspondiente). (No serán considerados ejemplares editados oficialmente los que no lleven el sello en seco del Ministerio de Justicia). Modelo oficial EDICION 1981 Tasa (art. 4.º Decreto 18-6-1959, Decreto-ley 26/179 de 24 de marzo y artículo 45 de Ley 74/1980 de 29-12-80) **50 Pesetas**	**Titular o titulares del libro (1)** Don *Jose Luis Eduardo Gaviria y Soto* nacido el día ...4... de ...Abril... de 1.956 en *Pamplona* hijo de *Jose Luis* y de *Isabel* estado civil (2) *Soltero* Doña *de la Esperanza Garcia y Rivas* nacida el día ...9... de ...Mayo... de 1.956 en **SALAMANCA** hija de *Juan Antonio* de *Esperanza* estado civil (2) *Soltera* [sello: 1 9 OCT. 1983 — SOCIAL — PRESTACIONES] (1) Tómense estos datos de la inscripción de matrimonio o, en su defecto, de la inscripción de nacimiento de los **hijos**. (2) Y la nacionalidad, si no es la española.

Answer the questions based on the booklet you just read.

1. What agency issued the document?
2. To whom was it issued?
3. What does the document have to carry in order to be officially valid?
4. What is the cost of the document?
5. What is the purpose of the document?
6. Where was the man born?
7. Where was the woman born?
8. What is the difference in age between the two?

Capítulo 16

La vivienda

Vocabulario

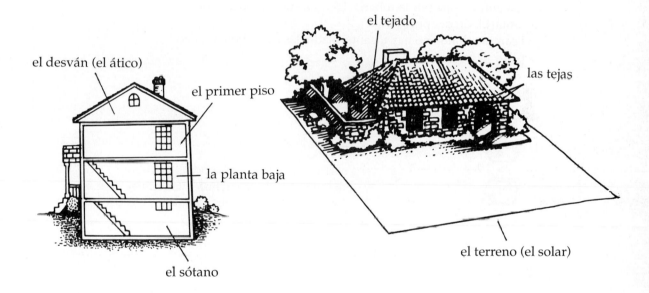

el desván (el ático)

el primer piso

la planta baja

el sótano

el tejado

las tejas

el terreno (el solar)

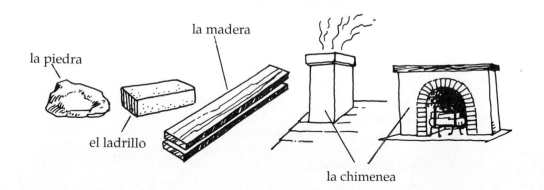

la piedra

el ladrillo

la madera

la chimenea

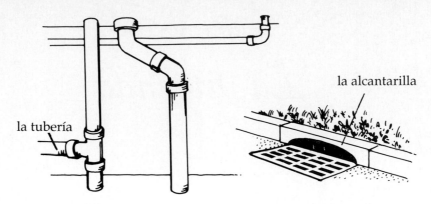

la alcantarilla

la tubería

El agua entra y sale por la tubería. El agua sucia pasa al sistema de
  alcantarillado del pueblo.
En el campo, donde no hay alcantarillado, las casas tienen pozo
  séptico (pozo negro).

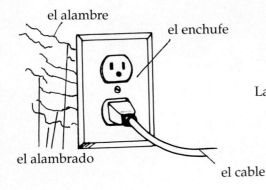

el alambre

el enchufe

el alambrado

el cable

La corriente eléctrica pasa por el alambrado y llega a los
  enchufes donde se enchufan los cables de los
  electrodomésticos y otros aparatos eléctricos.

Read the following:

> **mensual**   cada mes
> **la hipoteca**   el préstamo que da el banco para comprar una casa; las mensualidades
>   que se pagan durante un período de diez a veinte años
> **la tasa de interés**   el tanto por ciento que cobra el banco por un préstamo

Ejercicio 1   Complete the following statements.

1. Tenemos mucho terreno, un _____ de mil metros cuadrados.
2. Y la casa es grande. Tiene tres _____ con once habitaciones.
3. Abajo tenemos un _____ donde tenemos la lavadora.
4. Y arriba, en el _____ ponemos las cosas que nunca usamos.
5. El _____ de la casa es de tejas.

Ejercicio 2   Choose the correct completion.

1. La _____ eléctrica es de 220 voltios.
   a. tubería   b. chimenea   c. corriente
2. Porque tenemos muchos aparatos eléctricos, tenemos muchos _____.
   a. enchufes   b. pozos   c. alcantarillados
3. Cambiamos todo el _____ eléctrico porque estaba viejo.
   a. pozo   b. alambrado   c. alcantarillado
4. El exterior de la casa es de _____.
   a. tejas   b. piedra   c. alambrado
5. Creemos que la piedra es más bonita que el _____.
   a. enchufe   b. ladrillo   c. desván

Ejercicio 3

1. El (solar/valor) de la propiedad es de ocho millones de pesos.
2. El banco nos dará (una hipoteca/un aparato).
3. La (piedra/tasa) de interés es del 12 por ciento.
4. Y tendremos que hacer pagos (mensuales/sépticos).

Comunicación

La compra de la casa

CLIENTE   Me gusta. ¿Cuánto terreno tiene?
AGENTE   El solar es grande, 8000 metros cuadrados.
CLIENTE   ¿Tiene un sótano completo, más el desván?
AGENTE   Así es. Tres plantas, más sótano y desván.
CLIENTE   La construcción es de ladrillo y piedra.
AGENTE   Con el tejado tradicional de tejas.
CLIENTE   Entremos, pues, para ver el interior. El exterior
          está en buenas condiciones.

Ejercicio 4   Answer the questions based on the preceding conversation.

1. ¿Cuánto terreno tiene la propiedad?
2. ¿Cuántas plantas tiene la casa?
3. ¿Cuáles son los materiales que usaron para construir la casa?
4. ¿Cómo es el tejado?
5. ¿Cómo está el exterior de la casa?
6. ¿Han visto el interior de la casa?

¿Dueños o inquilinos?

En las ciudades españolas es normal que se compre un apartamento
o piso en lugar de alquilarlo. Los dueños de los pisos pagan una
cantidad mensual o trimestralmente por el mantenimiento del edificio.
El conserje o portero tiene la responsabilidad de limpiar las escaleras,
la entrada, el ascensor y los pasillos y de vigilar el edificio. Los dueños
de los pisos también tienen que pagar la luz, el agua y el gas.

Por varias razones la gente no siempre compra su piso o apartamento
sino que lo alquila. El inquilino le paga el alquiler al dueño o casero. El
inquilino y el casero firman un contrato. Al firmar el contrato el inquilino
paga el primer mes de alquiler por adelantado, más un mes de fianza.
El casero tiene que devolver el dinero de la fianza cuando el inquilino
se va, pero el casero puede usar la fianza para reparar daños causados
por el inquilino.

En el contrato aparecen las responsabilidades del casero y las del
inquilino. Por ejemplo, el casero promete pintar el apartamento después
de cierto período de tiempo. También es su obligación pagar cualquier
reparación que sea necesaria, si no es por causa del descuido del inquilino.
Es común que el casero provea ciertos aparatos electrodomésticos—el
horno o la cocina de gas, el refrigerador (frigorífico) y posiblemente un
lavaplatos. En los edificios de apartamentos, el casero paga la calefacción
y el agua. El inquilino, normalmente, paga la luz (la electricidad) y el gas.

Ejercicio 5   Complete the statements based on the information you just read.

1. En España es más común comprar que _____ un piso.
2. Los dueños tienen que pagar una cantidad cada _____ o trimestre.
3. Esta cantidad se paga por el _____ del edificio.
4. La limpieza del edificio es responsabilidad del _____.
5. No solamente limpia el edificio, también lo _____.
6. Los otros gastos que tienen los dueños de los pisos son el _____, la _____ y
   el _____.
7. El inquilino le paga el _____ al casero.
8. Los dos tienen que firmar un _____.
9. Además de pagar un mes por adelantado, el inquilino paga un mes de _____.
10. El casero provee algunos _____ electrodomésticos.

Ejercicio 6   Who pays?

   (a) el casero   (b) el inquilino

1. _____ la luz   4. _____ la calefacción
2. _____ el agua   5. _____ el refrigerador
3. _____ pintar el piso   6. _____ las reparaciones normales

SITUACIONES

Actividad 1

You want to buy a place in Honduras. You are speaking with a realtor. She has a particular house in mind that she wants to show you.

1. You want to know how big the lot is. Ask the realtor.
2. You want to know if the wiring is in good condition. Ask her.
3. You want to know if there is a septic system or sewers. Ask her.
4. Find out if the plumbing is in good shape.
5. You want to know if the house has an attic and a basement. Ask her.

Actividad 2

You are dealing with a banker in Uruguay for the purchase of a lot.

1. You want to know if foreigners can obtain mortgages. Ask him.
2. Find out what the current interest rate is.
3. You want to know how much the monthly payments would be. Ask him.
4. Ask him how many square meters the property covers.

HOJAS DE LA VIDA

Actividad 1

Read the following real estate advertisement, which appeared in a Spanish newspaper.

How does this advertisement express the following?

1. grandes
2. cuarto de dormir
3. dos pisos
4. solar, terreno

CHALETS
LAS PRADERAS DE VILLAMANTILLA

Amplios chalets de 2 plantas, con garaje, 4 dormitorios, cocina amueblada, calefacción, 2 baños, salón con chimenea francesa y gran parcela totalmente vallada. Muy cerca de Madrid, en Villamantilla, Ctra. San Martín de Valdeiglesias, Km. 30,500. Información en la propia urbanización, sábados, domingos y festivos todo el día, y en Madrid, de lunes a viernes. Gran Vía, 62. Tel. 542 07 66 y 542 39 09. PRAVESA

Answer the questions based on the advertisement you just read.

1. ¿Qué tipo de casas son?
2. ¿Qué hay para el coche?
3. ¿Cuántos cuartos de (para) dormir tiene?
4. ¿Qué tiene el salón?
5. ¿Dónde están las casas?
6. ¿Dónde y cómo se puede conseguir información?

Capítulo 17

La educación

Vocabulario

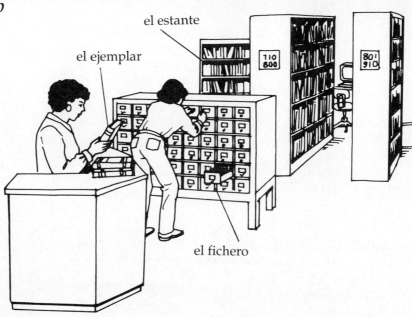

el estante

el ejemplar

el fichero

Read the following:

la calificación   la nota
el borrador   la primera versión de un ensayo o de una composición
el suspenso   la nota académica más baja
el rector   el oficial más importante de una universidad
la Administración de Empresas   el programa para dirección de negocios
el plan de estudios   los cursos que uno sigue o toma
el tiempo parcial   en los EE.UU., menos de doce o quince créditos por semestre
el tiempo completo   seguir o cursar a lo menos doce o quince créditos por semestre
el profesorado   el grupo de profesores
el graduando   el estudiante que se va a graduar de la universidad
el título académico   doctor, maestro, bachiller, etc.
el libro de consulta   por ejemplo, las enciclopedias, los diccionarios, etc.

Ejercicio 1   Match each word or expression in the first column with its Spanish equivalent in the second column.

1. ____ el diccionario	a. toga
2. ____ la enciclopedia	b. postgraduate
3. ____ el tomo	c. dean
4. ____ la disertación	d. to graduate
5. ____ la tesis	e. volume (book), tome
6. ____ la monografía	f. dissertation
7. ____ el decano	g. doctorate
8. ____ el doctorado	h. encyclopedia
9. ____ el tema	i. dictionary
10. ____ posgrado	j. monograph
11. ____ graduarse	k. thesis
12. ____ la toga	l. theme

Ejercicio 2   Complete the following paragraph.

Voy a la biblioteca a buscar unos libros de _____. Todos están en el mismo _____. Hay un _____ bilingüe—español/inglés—y una _____ en varios tomos. Se puede buscar los títulos y nombres de autores en el _____. La biblioteca es grande. Tiene más de 100.000 _____.

Ejercicio 3   Choose the correct completion.

1. Mi amiga acaba de graduarse y recibir su _____ de bachiller.
   a. borrador   b. título   c. maestría
2. Uno de los requisitos era el de escribir _____.
   a. una monografía   b. un diploma   c. un suspenso
3. Antes de entregar la versión final, ella escribió varios _____.
   a. planes   b. tomos   c. borradores
4. Ella es excelente estudiante y recibió muy buenas _____.
   a. notas   b. disertaciones   c. colecciones
5. Porque estudia mucho, nunca recibe _____ en un examen.
   a. una calificación   b. un decano   c. un suspenso

Ejercicio 4   Choose the correct rejoinder.

1. Esta universidad tiene unos catedráticos muy buenos.
   a. Sí, el profesorado es excelente.
   b. Sí, son buenos graduandos.
   c. Sí, su tesis es interesantísima.
2. ¿Cuántos estudiantes reciben sus títulos hoy?
   a. Creo que hay varios temas.
   b. Hay como doscientos graduandos.
   c. No sé cómo se llaman.
3. Parece que muchos continuarán con su educación.
   a. Sí, todos recibieron un suspenso.
   b. Están buscando en el fichero.
   c. La mayoría seguirá estudios de posgrado.
4. Y tú, ¿sabes los cursos que vas a tomar?
   a. No, porque no he visto el plan de estudios.
   b. No, porque no escribí un borrador.
   c. No, porque el profesorado no asistió.
5. ¿En qué piensas especializarte?
   a. Rector y decano.
   b. Administración de Empresas.
   c. Doctor en Filosofía.
6. Yo tengo que trabajar y estudiar al mismo tiempo.
   a. Pues hay un programa a tiempo parcial.
   b. Pues vas a conocer al rector.
   c. Pues informarán las notas el miércoles.
7. Espero recibir un título de posgrado.
   a. ¿Una tesis?
   b. ¿Un profesorado?
   c. ¿Una maestría?

Ejercicio 5   Assume you are working at your college library. An exchange student needs some help. Answer his questions.

1. ¿Los estudiantes pueden usar esta biblioteca?
2. ¿Dónde están los libros de consulta?
3. ¿Tienen Uds. una enciclopedia en español?
4. ¿Por cuánto tiempo puedo prestar (borrow) un libro?
5. No sé el título del libro que necesito. ¿Qué hago?
6. ¿Cuántos tomos hay en esta biblioteca?

Comunicación

Los últimos requisitos

PROFESORA	Tiene que entregar su monografía pronto.
ESTUDIANTE	Sí, señora. Hace tiempo que terminé el borrador.
PROFESORA	Recuerde que la monografía representa el 50 por ciento y el examen el otro 50 por ciento de la nota final.
ESTUDIANTE	Espero sacar una calificación alta en el examen. Nunca he recibido un suspenso en una prueba.

Ejercicio 6   Complete the statements based on the preceding conversation.

1. La profesora quiere la _____ de la estudiante.
2. No tiene la versión final, pero sí el _____.
3. La monografía y el examen determinan la _____ final.
4. La estudiante cree que va a recibir una _____ alta.
5. No cree que va a recibir un _____.

Ejercicio 7   Choose the word in each group that does not belong.

1. decano/profesor/ejemplar/rector
2. bachiller/fichero/maestro/doctor
3. toga/disertación/tesis/monografía
4. graduando/diploma/toga/borrador
5. nota/estante/fichero/ejemplar

Los planes para el futuro

LA ESTUDIANTE	¿Piensas hacer estudios de posgrado?
EL ESTUDIANTE	Sí, para una maestría en Administración de Empresas. Y tú, ¿todavía quieres doctorarte?
LA ESTUDIANTE	Pues, sí. Mi sueño es un Doctorado en Filosofía. Y ya estoy pensando en temas para la tesis.
EL ESTUDIANTE	Yo voy a trabajar y estudiar a tiempo parcial. El plan de estudios es muy flexible.
LA ESTUDIANTE	El mío no lo es. Se requiere tiempo completo. Nos llaman. Tengo que ponerme la toga.

Ejercicio 8   Answer the questions based on the preceding conversation.

1. ¿Qué le pregunta la joven al joven?
2. ¿En qué piensa él especializarse?
3. ¿Qué título quiere el estudiante?
4. ¿Qué título quiere ella?
5. ¿Qué tendrá que escribir ella antes de recibir su título?
6. ¿En qué está ella pensando?
7. ¿El estudiante va a poder estudiar a tiempo completo?
8. ¿Por qué, o por qué no?
9. ¿Y la estudiante?
10. ¿Qué tiene que hacer ella ahora?

Read the following:

En los países hispanos los estudiantes que terminan la secundaria
pueden asistir a diferentes tipos de instituciones académicas. Para
las profesiones, si uno quiere ser abogado, médico, etc., hay que ir
a una facultad de la universidad. Para técnicos especialistas hay
institutos técnicos. Para los artistas hay conservatorios y academias
de arte, música, etc. También hay academias militares para los que
van a ser oficiales. Para los que van a ser maestros de escuela hay
escuelas normales que son, generalmente, de dos años. Y para los
religiosos hay seminarios.

Ejercicio 9   Complete the statements based on the information you just read.

1. Luisa quiere ser maestra de kinder(garten). Asistirá a una _____.
2. Federico quiere ser ministro de su iglesia. Va a ir a un _____.
3. La ambición de Gonzalo es ser almirante de la marina. Quiere ir a la _____ naval.
4. Teresa piensa ser cirujana. Tiene que asistir a la _____.
5. A Rodrigo le interesa la informática. Irá a un _____.
6. Fernando tiene talento como violinista. Debe ir a un _____.

SITUACIONES

Actividad 1

It's near the end of your studies in Guadalajara. You are talking to your professor.
1. You want to know when the final exam will be. Ask your professor.
2. You want to know what percent of your final grade the exam represents. Ask her.
3. You want to know what happens if you fail the exam. Ask her.

Actividad 2

It's graduation day and you are with Amalia, a student from Chile.
1. She received very high grades. Congratulate her for doing so.
2. You read her thesis and you think it is excellent. Tell her.
3. You wonder if she has ever failed a test. Ask her.

Actividad 3

You are discussing the future with your friend from the Universidad de Puerto Rico.
1. You want to know if he plans on attending graduate school. Ask him.
2. You want to know what degree he would like to receive. Ask him.
3. He asks you if you plan on getting your MBA. You would like to, but you cannot be a full-time student. Tell him.
4. Ask him if he knows if the MBA curriculum is flexible.

HOJAS DE LA VIDA

Actividad 1

Read the following curriculum for a graduate program in Business Administration.

**INSTITUTO TECNOLOGICO
Y DE ESTUDIOS
SUPERIORES DE MONTERREY**

Plan de Estudios

El plan de estudios de la Maestría en Administración consta de 17 cursos agrupados en la siguiente forma:

4 Cursos Introductorios
Contabilidad
Organización y Administración
Matemáticas para Decisiones I
Análisis Económico

4 Cursos de Nivel Básico I
Costos
Análisis de la Conducta
Matemáticas para Decisiones II
Computación Electrónica

4 Cursos de Nivel Básico II
Contabilidad Administrativa
Estructura y Proceso Organizacional
Modelos Operacionales
Economía para Decisiones Administrativas

4 Cursos de Concentración
4 cursos optativos de las siguientes especialidades: Producción, Finanzas, Recursos Humanos, Mercadotecnia

1 Curso Integrado
Estrategias y Políticas Administrativas

Para optar al grado de Maestro en Administración es obligatorio cursar y aprobar en el Instituto los 17 cursos del plan de estudios. Debido a que los cursos se ofrecen en cuatrimestres, el tiempo mínimo para cumplir con todos los cursos sería de aproximadamente 16 meses a tiempo completo.

Answer the questions based on the curriculum you just read.
1. ¿Cuáles son las cuatro áreas de concentración?
2. ¿Cuál es el número total de cursos que hay que tomar?
3. ¿Cuánto tiempo toma, como mínimo, para recibir el título?
4. ¿Cuáles son los dos cursos en economía?
5. ¿Cómo se llaman en inglés las cuatro especialidades en que se pueden tomar cursos optativos (facultativos)?
6. ¿En cuál de los cursos es probable que utilicen máquinas?

Match the courses with the job.

Nombre del curso

1. *Personnel Director*   _____   _____   _____

2. *Marketing Manager*   _____   _____   _____

3. *Accountant*   _____   _____   _____

Capítulo 18

El trabajo

Vocabulario

Read the following:

la entrevista   la conferencia entre el patrono y el empleado potencial antes de ofrecerle un puesto

la cita   la hora y fecha para una entrevista o una reunión

la solicitud para empleo   el formulario que tiene que llenar la persona que busca empleo o trabajo

el historial   un resumen de los estudios y la experiencia de una persona

el conocimiento   lo que una persona sabe sobre algo

el dominio   el control completo

la retribución   el pago, la paga, el salario o el sueldo

la jornada   el día de trabajo; el pago de un día

Ejercicio 1   Match each word or expression in the first column with its English equivalent in the second column.

1. _____ la iniciativa	a. offer
2. _____ el contrato	b. quality (trait, attribute)
3. _____ el objetivo	c. initiative
4. _____ la habilidad	d. pharmaceutical
5. _____ cualificado	e. contract
6. _____ el personal	f. specialty
7. _____ la cualidad	g. objective
8. _____ la oferta	h. qualified
9. _____ la especialidad	i. ability
10. _____ farmacéutico	j. personnel
11. _____ la penetración	k. penetration
12. _____ las referencias	l. marketing
13. _____ el mercadeo	m. references

Ejercicio 2   Choose the correct completion.

1. Tengo una _____ mañana con el director.
   a. venta   b. pensión   c. cita

2. Me va a dar una _____.
   a. entrevista   b. capacidad   c. industria
3. Ya les mandé la _____ por correo.
   a. expansión   b. solicitud   c. contribución
4. También les envié _____ muy detallado.
   a. una especialización   b. un historial   c. un dominio
5. Ellos piden _____ de cuatro personas.
   a. conocimientos   b. referencias   c. retribuciones
6. La _____ es de 60.000 dólares anuales.
   a. cualidad   b. habilidad   c. retribución
7. Voy a trabajar en el área de _____.
   a. mercadeo   b. empleado   c. oferta
8. La _____ de trabajo es de cinco días.
   a. venta   b. jornada   c. contribución

El trabajo

Las profesiones son los trabajos que requieren un título universitario
    en campos como medicina, derecho (leyes), arquitectura, farmacia,
    economía, pedagogía (educación), ingeniería.
Los oficios son los trabajos de especialistas como los electricistas,
    fontaneros (plomeros), albañiles, carpinteros.
En la agricultura los que trabajan la tierra son labradores.
Los que trabajan en la industria son obreros.
Los que se dedican a la compra y venta son comerciantes.
Hay técnicos especialistas en campos como la energía nuclear y la
    informática (las computadoras/los ordenadores).

Ejercicio 3   Choose the correct answer.

(a) profesión   (b) oficio   (c) obrero   (d) técnico   (e) comerciante

1. ____ Susana Carballido es dueña de una agencia de automóviles.
2. ____ Felipe Carrasco trabaja en una fábrica de televisores.
3. ____ Leonor Ruipérez es farmacéutica.
4. ____ Pepe Tabares instala computadoras para la IBM.
5. ____ Elena Montalvo es excelente electricista.

Ejercicio 4   Answer the questions of your Dominican friend based on the cues.

1. ¿Qué tienes mañana?   *interview*
2. ¿Con quién?   *personnel director*
3. ¿Te pidieron algo?   *references and resumé*
4. ¿En qué vas a trabajar?   *marketing*

Comunicación

Una entrevista

SR. PALENCIA Ud. es muy cualificada para la posición. ¿Cuál es su objetivo en solicitar este puesto?

ELLA Quiero vincularme con una multinacional prestigiosa en el sector farmacéutico. Y quiero desarrollarme profesionalmente.

SR. PALENCIA Y, ¿qué es lo que nos ofrece a nosotros?

ELLA Gran capacidad para el trabajo. Y creo que reúno otras cualidades y habilidades que les serían valiosas.

SR. PALENCIA ¿Dominio del inglés, por ejemplo?

ELLA Pues, sí, entre muchas otras.

Ejercicio 5 Answer the questions based on the preceding conversation.

1. ¿Qué piensa el señor Palencia de las cualificaciones de la señorita?
2. ¿Qué le pregunta?
3. ¿Cuáles son los dos objetivos que menciona ella?
4. ¿Cuál es una cualidad y cuál es una habilidad a las que se refiere la señorita?

Vocabulario

Los beneficios

los seguros Las grandes compañías pagan el seguro médico y, a veces, una póliza de seguro sobre la vida. También contribuyen al seguro de desempleo.

la pensión Las compañías contribuyen el total o una parte de la contribución. El empleado puede recibir la pensión a la edad de 60 o 65 años.

la unión, el sindicato Normalmente el empleado paga las contribuciones a la unión, pero algunas compañías las pagan. Algunas compañías no emplean a nadie que no sea miembro de la unión. Otras compañías no tienen unión.

las vacaciones Los empleados normalmente reciben un mes de vacaciones con pago, más un número de días festivos.

Ejercicio 6 Give the word being defined.

1. una asociación de trabajadores para defender sus derechos
2. las semanas pagadas cuando descansan los trabajadores
3. la protección para cubrir los gastos de una enfermedad
4. el dinero que se da a un trabajador cuando es viejo y ha trabajado muchos años
5. un día en que no se trabaja

Comunicación

Una oferta de empleo

Jefe	Le ofrecemos un contrato por un año, con retribución inicial de 80.000 pesos mensuales.
Ella	Su oferta es muy interesante. ¿Hay incentivos?
Jefe	Varios. Comisiones sobre ventas, por ejemplo. La jornada es de 37 horas por semana. Beneficios: un mes de vacaciones, contribuciones a la pensión y el seguro médico, todos pagados por la firma.
Ella	¿Cuándo comienzo?
Jefe	Después del examen médico. Todas sus referencias fueron muy positivas, ¿sabe?

Ejercicio 7   Answer the questions based on the preceding conversation.

1. ¿Qué le hacen a la joven?
2. ¿Para cuánto tiempo es el contrato?
3. ¿Qué representan los ochenta mil pesos?
4. ¿Cuál es uno de los incentivos?
5. ¿Qué hay que hacer para recibir una comisión?
6. ¿Cuántas horas por semana hay que trabajar?
7. ¿Qué beneficios paga la compañía?
8. Antes de empezar a trabajar ella, ¿qué tiene que hacer?
9. Según el jefe, ¿cómo eran las referencias de la joven?

SITUACIONES

Actividad 1

You are job hunting. You are on the telephone with a man in the personnel office of IBM España.

1. You want to know if they received your application. Ask him.
2. You want to know if they want a resumé as well. Ask him.
3. You would like an appointment for an interview. Tell him.

Actividad 2

You are interviewing for a marketing job at La Farmacéutica S.A. You feel that compensation is not the most important thing. You are mainly interested in professional development. You know a lot about marketing, and your objective is to become connected with a prestigious firm. Explain this to the interviewer.

Actividad 3

The Personnel Director of an advertising agency has made you a job offer, but you would like more information before you decide whether or not to accept.
1. You want to know for how long the contract is. Ask her.
2. You want to know how much vacation there is. Ask her.
3. You want to know if they pay for medical insurance. Ask her.

HOJAS DE LA VIDA

Actividad 1

Read the want ad. Then answer the questions based on the ad.
1. ¿Qué clase de compañía es?
2. ¿Qué tipo de grado debe tener la persona?
3. ¿Qué idioma debe conocer?
4. ¿Qué otro conocimiento debe tener?
5. ¿Qué tipo de experiencia sería útil?
6. ¿Cuántos días a la semana tendría que trabajar?
7. ¿Cuándo podría comenzar a trabajar?
8. ¿Dónde trabajaría?
9. ¿Qué debe enviar por correo?
10. ¿Qué debe aparecer en el sobre?

EMPRESA ESPAÑOLA DE INGENIERÍA

precisa

INGENIERO DE ESTIMACIONES

CARACTERÍSTICAS:
- Ingeniero o similar (Grado Superior o Medio).
- Conocimientos de Inglés hablado y escrito.
- Conocimientos de Informática.
- Capacidad para interpretación de planos, especificaciones y, en general, documentación técnica.
- No es necesaria experiencia en campo de Estimaciones, pero es preferible haya participado en evaluaciones económicas.

SE OFRECE:
- Incorporación inmediata.
- Jornada laboral de 5 días.
- Lugar de trabajo: Madrid.
- Condiciones económicas a convenir.

Los interesados deberán enviar su "curriculum vitae" detallado al Apartado de Correos número 10.241 de Madrid (28080), indicando la referencia: "INGENIERO DE ESTIMACIONES".

(Ref.: GOYA 28128317 M165)

Capítulo 19

La política

Vocabulario

Read the following:

el poder la autoridad, el dominio
la derecha *(en política)* de conservador hasta los extremos
la izquierda *(en política)* de liberal hasta los extremos
ganar ser (salir) victorioso
perder no ser (salir) victorioso; el contrario de **ganar**
abandonar dejar solo, salir

Ejercicio 1 Match each word or expression in the first column with its English equivalent in the second column.

1. _____ totalitario		a. vote
2. _____ respetar		b. party (political)
3. _____ marxista		c. despotism
4. _____ la tiranía		d. tyranny
5. _____ monárquico		e. totalitarian
6. _____ el partido		f. regime
7. _____ el dictador		g. liberty
8. _____ la libertad		h. socialist
9. _____ liberal		i. extremist
10. _____ conservador		j. marxist
11. _____ reaccionario		k. monarchist
12. _____ extremista		l. constitutional
13. _____ el régimen		m. to respect
14. _____ el despotismo		n. reactionary
15. _____ el estado		o. to vote
16. _____ el voto		p. guarantee
17. _____ la oposición		q. state

18. ____ la garantía   r. opposition
19. ____ socialista   s. dictator
20. ____ constitucional   t. liberal
21. ____ votar   u. conservative
22. ____ las elecciones   v. democracy
23. ____ la revolución   w. revolution
24. ____ la democracia   x. prime minister
25. ____ el primer ministro   y. elections

Ejercicio 2   Complete the following statements.

1. Las _____ son mañana. ¿Vas a votar?
2. ¿Por qué? Mi _____ no importa.
3. ¿Qué dices? ¿Que no vas a _____?
4. Así mismo. Esta es una _____, no me pueden hacer votar.
5. Verdad, pero tú no _____ la libertad que tenemos.

Ejercicio 3   Choose the correct completion.

1. La _____ norteamericana comenzó en 1776.
   a. garantía   b. revolución   c. oposición
2. Los norteamericanos _____ esa guerra.
   a. ganaron   b. perdieron   c. salvaron
3. Y los ingleses la _____.
   a. ganaron   b. perdieron   c. salvaron
4. En 1789 hubo una reunión para preparar una _____.
   a. elección   b. república   c. constitución
5. El documento que prepararon tiene un número de _____.
   a. partidos políticos   b. garantías constitucionales   c. regímenes totalitarios

Ejercicio 4   An exchange student from Peru has some questions for you. Please enlighten her.

1. ¿Cuándo tienen Uds. elecciones presidenciales?
2. ¿Cuántos partidos políticos grandes hay?
3. ¿Por cuántos años puede estar en el poder un presidente?
4. ¿Cuántos años tienes que tener para votar?
5. ¿Cuál es tu partido político?

Comunicación

EL ESTUDIANTE	El régimen actual no sabe gobernar.
LA ESTUDIANTE	No. Pero tiene muchos votos.
EL ESTUDIANTE	¡Cómo! ¿Quién votaría por ellos?
LA ESTUDIANTE	Muchos. Los extremistas de derechas. Los reaccionarios y algunos monárquicos y conservadores.
EL ESTUDIANTE	Y, ¿con quiénes cuenta la oposición?
LA ESTUDIANTE	Con los conservadores moderados, los liberales y los de izquierda; los socialistas, por ejemplo, y hasta varios grupos marxistas.

Ejercicio 5   Choose the correct response. Who would vote for whom?

(a) **el gobierno**   (b) **la oposición**

1. ____ los conservadores extremistas
2. ____ los liberales
3. ____ los reaccionarios
4. ____ los marxistas
5. ____ los monárquicos
6. ____ los conservadores moderados

Ejercicio 6   Answer the questions based on the preceding conversation.

1. ¿El gobierno actual es de derechas o de izquierdas?
2. ¿La oposición es de derechas o de izquierdas?
3. ¿El estudiante está a favor o en contra del gobierno?

SITUACIONES

Actividad 1

You just heard about the upcoming elections in Chile, and you are discussing them with your Chilean friend.

1. You want to know what party won. Ask her.
2. Ask her if she thinks the current government will fall **(caer).**
3. Find out if you think the winning party will be liberal or conservative.
4. You want to know if the losers will respect the results. Ask her.

Actividad 2

You do not know much about government in Spain. You are discussing politics with one of your professors, who happens to be Spanish.
1. You want to know if Spain is a republic or a monarchy. Ask him.
2. Find out if they have a constitution.
3. You want to know if they have political parties. Ask him.
4. You want to know when their elections are. Ask him.
5. You are interested in knowing who won the last elections. Find out.
6. Find out who the prime minister is.

Actividad 3

You are talking with an Argentine friend about politics.
1. You want to know if there ever was a dictator in Argentina. Ask her.
2. Find out if the dictator was of the right or the left.
3. Ask her if there was a revolution.
4. You want to know who is in power now. Ask her.
5. Find out if she voted in the last election.

HOJAS DE LA VIDA

Actividad 1

Read the following news article.

> El gobernador Rafael Hernández Colón
> admitió que la jurisdicción total del
> Congreso de Estados Unidos sobre
> Puerto Rico «es la médula del
> problema» político puertorriqueño.
> Dijo que por eso el Partido Popular
> Democrático (PPD) busca establecer
> una política pública en las relaciones
> federales entre Puerto Rico y Estados
> Unidos ante el propuesto plebiscito
> sobre el status político de este país.

Answer the questions based on the article you just read.

1. What is Mr. Hernández Colón?
2. According to him, what is at "the heart" of the Puerto Rican political problem?
3. What is his political party?
4. What is he hoping to establish?
5. What is apparently the reason for this activity?
6. What will be decided?

Capítulo 20

El tiempo

Vocabulario

el copo (de nieve)

el granizo

el hielo

la bola de nieve

la llovizna

la lluvia y el viento

el chubasco

el paraguas

el impermeable

la gota

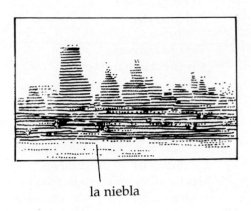

la niebla

Read the following:

la niebla   nubes en contacto con la tierra
la gota   una partícula pequeña de agua
el impermeable   un abrigo que repele el agua
nuboso   nublado, con muchas nubes
el bochorno   el calor intenso, sofocante
la escarcha   el rocío (la humedad de la noche) congelado
el levante   el este
el temporal   la tempestad, la tormenta
el aguacero   una lluvia fuerte y abundante, pero generalmente de poca duración
el vendaval   viento fuerte
titiritar   temblar del frío
el sudor   la humedad del cuerpo a causa del calor
sudar   emitir sudor
soplar   moverse el viento
empaparse   mojarse completamente de agua o sudor
occidental   del oeste
oriental   del este
flojo   lo contrario de **fuerte**
seco   lo contrario de **húmedo**
escampar   terminar de llover o de nevar
apacible   agradable, bueno
aguantar   resistir

The following are cognates you will frequently find in weather forecasts.

la humedad   la avalancha
la atmósfera   moderado
el huracán   húmedo
la brisa   sofocante
el observatorio   resistir
la presión barométrica   la temperatura

Ejercicio 1   Choose the correct completion.

1. Empieza a nevar, ya caen algunos _____.
   a. chubascos   b. cambios   c. copos
2. Mucha nieve en las montañas puede causar _____.
   a. una avalancha   b. un temporal   c. un vendaval
3. Yo sufro mucho, no _____ el frío.
   a. siento   b. empapo   c. resisto
4. Yo tampoco _____ el frío.
   a. aguanto   b. soplo   c. congelo
5. El frío me hace _____.
   a. resistir   b. titiritar   c. escampar
6. Pero es bonito ver la _____ en el suelo por la mañana.
   a. gota   b. llovizna   c. escarcha

Ejercicio 2   Complete the following statements.

1. Con tanta lluvia todo está _____.
2. Y va a llover más, pronostican _____ para esta tarde.
3. Voy a ponerme el _____ cuando salga.
4. No quiere _____ de agua como ayer.

Ejercicio 3   **¿De qué habla?**   Answer with one or two words.

1. No puedo conducir porque ya no puedo ver nada.
2. Casi no se siente el viento, es un viento muy suave.
3. ¡Qué viento, cuánta lluvia!
4. ¡Qué calor! Quiero algo para secarme la cara.

Ejercicio 4   Match the related words.

1. ____ la humedad
2. ____ helar
3. ____ caluroso
4. ____ el aguacero
5. ____ el vendaval
6. ____ el levante
7. ____ el observatorio
8. ____ el cambio
9. ____ la llovizna

a. observar
b. húmedo
c. cambiar
d. el viento
e. el calor
f. el hielo
g. llover
h. levantar
i. el agua

Comunicación

¡Qué calor!

JAVIER   No lo aguanto. Es sofocante.
ISABEL   Nunca he sentido tanto calor como hoy. ¡Qué día más húmedo y caluroso! Huy, ¡qué bochorno!
JAVIER   Estoy empapado de sudor.

Ejercicio 5   Answer the questions based on the preceding conversation.

1. ¿Qué tiempo hace?
2. ¿Cuándo ha hecho tanto calor como hoy?
3. Describa el día.
4. ¿Cómo está el hombre?

¡Qué frío!

ANITA   Hombre, si estás titiritando del frío.
ROBERTO   Tengo las manos heladas. Es demasiado crudo aquí. Me voy a congelar.
ANITA   Y a mí que me gusta ver la escarcha por la mañana.
ROBERTO   ¡A casa! Que ya veo unos copos de nieve.

Ejercicio 6   Complete the statements based on the preceding conversation.

1. Roberto tiene mucho _____.
2. El pobre está _____.
3. Tiene las _____ muy frías.
4. Roberto cree que hace un tiempo _____.
5. Anita cree que la _____ es muy bonita.
6. Roberto quiere ir a casa porque ve unos _____.

¡Temporal, temporal!

ELLA   ¡Cómo sopla el viento! Es un vendaval.

EL   Y los aguaceros nunca terminan.

ELLA   ¿Cuándo va a escampar?

EL   ¿Quién sabe? Creo que es lo que queda del huracán.

ELLA   Lo que no haría por ver la luz del sol.

Ejercicio 7   Describe the weather conditions in the preceding conversation.

El resumen meteorológico

(por la radio) Ahora, desde el observatorio nacional, el tiempo. Para el centro y las regiones occidentales de la república esperamos un tiempo apacible. Temperaturas moderadas, brisas de nordeste. Un día soleado y despejado.

Para la costa de levante, tormentas durante el día y la noche. Mañana, también, borrascos hasta el mediodía.

Continuaremos después de algunos anuncios comerciales.

Ejercicio 8   Choose the correct response.

1. ¿Qué tipo de programa es?
   a. de observaciones nacionales
   b. del pronóstico del tiempo
   c. del horario de programas de radio
2. ¿Qué tiempo se espera en el oeste del país?
   a. frío con vendavales
   b. agradable
   c. caluroso

3. ¿Qué se pronostica para la costa del este?
   a. tiempo apacible
   b. tiempo tormentoso
   c. tiempo frío con nieve
4. En el levante, ¿cuándo va a cambiar el tiempo?
   a. esta noche
   b. mañana por la mañana
   c. mañana por la tarde

El resumen meteorológico (continúa)

Continuamos ahora con el pronóstico meteorológico. Para el norte, frío. Probabilidad de granizo o tormentas de nieve, en las montañas, peligro de avalancha. Para el noroeste, señores, impermeables y paraguas. Durante todo el día, niebla y llovizna. Algunos chubascos por la tarde. Pero mañana, ni una gota. Sol, divino sol, nada más que sol. Y, por último, la capital. Sin cambio. Tiempo agradable, cielo un poco nuboso. Temperatura máxima 26 grados, mínima 19. Presión barométrica de 705 milímetros, vientos flojos del sudeste.

Ejercicio 9   Answer the questions based on the preceding weather report.

1. ¿Dónde y cuándo es posible una nevada o un granizo?
2. ¿Qué tipo de peligro existe?
3. ¿Qué tiempo se pronostica para hoy en el noroeste?
4. ¿Y para mañana?
5. En la capital, ¿estará despejado el cielo?
6. ¿Va a haber brisas en la capital?
7. ¿De qué dirección?

SITUACIONES

Actividad 1

You are at the Universidad Nacional in Mexico. They've asked you to describe the weather where you live. Tell them the average maximum and minimum temperatures, whether and/or when it is humid and dry, if it ever snows, and from what direction the winds normally blow.

Actividad 2

The weather forecast for today is not good. There are strong winds from the Southeast, the local observatory has forecast a hurricane, and the barometric pressure has dropped. You are a ham operator and you receive a call in Spanish asking about weather conditions. Inform them of the situation.

HOJAS DE LA VIDA

Actividad 1

Read the following weather report.

Answer the questions based on the weather report you just read.

1. ¿Qué tiempo hará hoy en la isla?
2. ¿Cuándo hizo más frío, ayer u hoy?
3. ¿A qué hora se pone el sol?
4. ¿Cuándo va a llover en las Islas Vírgenes?
5. ¿En qué ciudad hacía mayor frío?
6. En Buenos Aires, ¿será verano o invierno?
7. ¿Y en España?
8. ¿Y en Francia?

Capítulo 21

La descripción

Vocabulario

Read the following:

La **manera de ser** de una persona es su carácter, su personalidad.
La persona **bien educada** trata con respeto a todos. Nota que la palabra
«educada» no tiene nada que ver con la instrucción académica.
La persona **mal educada** no sabe cómo portarse. No tiene buenos
modales.
Algunas palabras que describen a la persona con una personalidad
que gusta son: **simpático, amable, dulce, apacible, bondadoso,
amistoso, cariñoso.**
Algunas palabras que describen lo contrario son: **fresco, brusco,
antipático.**
Al que emplea palabras feas se le llama **malhablado.**
A la persona **feliz** que nos hace reír, le llamamos **entretenido.**
Una persona excelente, bien educada y amable es **un pedazo de pan.**
Una persona sin honor, que no respeta a nada es un **caradura.** Un
caradura, porque no tiene vergüenza, es un **sinvergüenza.**

Ejercicio 1   Choose the correct completion.

1. El siempre nos hace reír, es muy _____.
   a. antipático   b. entretenido   c. cariñoso
2. Es por eso que le encuentro muy agradable, es muy _____.
   a. brusco   b. feliz   c. simpático
3. Tiene un carácter muy dulce. Me gusta su _____.
   a. instrucción   b. honor   c. manera de ser
4. Los trata a todos con cortesía, es muy _____.
   a. bien educado   b. antipático   c. malhablado

5. Es cortés. No es _____.
   a. triste   b. animado   c. fresco
6. Su hermano no es como él, es _____.
   a. mal educado   b. amistoso   c. entretenido
7. Mi amigo es buenísimo, es un _____.
   a. caradura   b. sinvergüenza   c. pedazo de pan

Ejercicio 2   Match each word or expression in the first column with its English equivalent in the second column.

1. ____ el carácter   a. to suffer
2. ____ la personalidad   b. cynical
3. ____ el temperamento   c. phlegmatic
4. ____ la actitud   d. beast
5. ____ melancólico   e. personality
6. ____ la bestia   f. courteous
7. ____ cínico   g. attitude
8. ____ animado   h. temperament
9. ____ flemático   i. character
10. ____ sufrir   j. animated
11. ____ cortés   k. melancholy
12. ____ afectuoso   l. serious
13. ____ serio   m. affectionate

Ejercicio 3   An exchange student from Uruguay asks about your friend. Answer the questions based on the cues.

1. ¿Es siempre tan serio tu amigo?   *no, opposite*
2. ¿Cómo es su manera de ser?   *happy*
3. ¿Qué le pasa hoy?   *sad*
4. ¿Por qué?   *don't know, usually funny*

Comunicación

Los hermanos

EL   ¿Cómo es posible que cuatro hermanos tengan
       personalidades tan opuestas?
ELLA   La Josefina tiene un carácter dulce y apacible. Es
       más bien flemática. Nada le altera, nada le molesta.
EL   Y Fernando tiene la disposición de una bestia. Es
       perverso el hombre. Malhablado y mal educado.

ELLA   Fresco sí que es, e irritable también, ese caradura.
Y Luisa es todo lo contrario. Siempre contenta,
siempre feliz.

EL   Da gusto estar con ella. Qué entretenida es, animada,
llena de vida. Optimista y generosa. Siempre amable
y cariñosa. No como Juan, el pesimista.

ELLA   ¡Pobrecito! Parece estar siempre a punto de llorar.
Triste y melancólico. Tan serio. Nunca se ríe de nada.
Lo único que tiene es que es bien educado y cordial.
Pero es tan nervioso que es patético. Y es difícil ser
amistoso con él.

EL   Yo prefiero la gente jovial, como tú.

Ejercicio 4   Answer the questions based on the preceding conversation.

1. De los hermanos, ¿cuántos son hombres, y cuántas mujeres?
2. ¿Cuál de los cuatro está siempre de buen humor y animado(-a)?
3. ¿De cuál tienen una opinión muy negativa y por qué?
4. ¿Cuál de los hermanos tiene una disposición moderada, sin extremos de personalidad?
5. ¿Cuáles son dos características o cualidades de Fernando? ¿de Josefina? ¿de Juan? ¿de Luisa?

Ejercicio 5   Whom do you know who resembles each of the four brothers and sisters and why?

1. _____ es como Luisa porque _____.
2. _____ es como Fernando porque _____.
3. _____ es como Juan porque _____.
4. _____ es como Josefina porque _____.

Descripción física: de colores

En español hay nombres especiales para los colores de la piel, el pelo
y los ojos:

La piel puede ser blanca o negra. Entre esos dos colores hay otros
como trigueño, que es el color del trigo o, en algunos países,
más oscuro. Piel canela es del color de la canela *(cinnamon)*.

El pelo amarillo es rubio. El pelo marrón es castaño. Los ojos de
ese color son también castaños. El pelo negro es negro y el rojo
es rojo. A la persona de pelo rojo se le llama pelirrojo. Al que
no tiene pelo se le llama calvo. Y los pelos grises o blancos se
llaman canas.

Hay ojos verdes, negros, azules, castaños y grises.

NOTA   La palabra **moreno** se usa para describir a una persona de tez oscura y pelo castaño
oscuro. En algunas regiones se usa para describir a personas de raza negra.

Ejercicio 6   Answer the following questions.

¿Conoces a una persona...? ¿Quién?

1. con ojos verdes
2. con piel canela
3. con muchas canas
4. calva

SITUACIONES

Actividad 1

You have a cousin who is an optimist, always happy and lively. He is never sad or melancholy, and he has a wonderful personality. He is very good-looking, with green eyes and brown hair. Describe your cousin to your Spanish-speaking friend Marina, who is most interested in meeting him.

Actividad 2

While at the Universidad de Valparaíso, you meet a most unpleasant student. You do not like the student's disposition; he is very fresh, you have always been friendly and cordial with him, but he is discourteous and ill-bred. Explain this to another friend, who wonders why you cannot get along with this person.

Social Situations:
Saying the Right Thing

Capítulo 22

Presentando a los amigos

Expresiones útiles

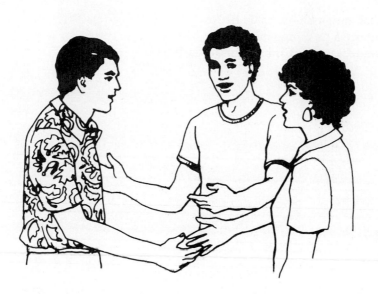

There are a number of expressions for introducing people. Among the most common are:

Elena, quiero que conozcas a _____.
Elena, éste es mi amigo _____.

It is also appropriate to simply say:

Pablo, quiero presentarte a una amiga.
Elena, quiero que conozcas a un amigo.
Elena, te presento un amigo.

These forms have the advantage of not requiring you to remember the name of the friend. The appropriate reply of the persons being introduced is to give their full names:

Mucho gusto, soy Elena Córdoba.
Encantado, Felipe González.

Ejercicio 1   Introduce these people.

1. Elena Córdoba to Felipe González
2. Felipe González to a young woman whose name escapes you
3. your Spanish professor to Elena
4. two classmates whose names you do not remember

After an introduction, it is usual to add some information about a friend, especially if the person is from another place.

> **Te presento a mi amiga Elena. Es de Chile.**
> **Quiero presentarte a un amigo mexicano.**
> **Quiero que conozcas a Raúl, mi amigo de California.**

Ejercicio 2   Introduce these friends.

1. Eduardo Dato/España
2. Leonor Tejera/Perú
3. Alfonso Ruipérez/Panamá
4. Silvia Colón/Puerto Rico
5. Mónica Besteiro/Uruguay

Comunicación

Preséntame

SUSANA   ¿Quién es ese chico?
LUISA   Es Jorge Linares. Ven, y te lo presento.
         Hola, Jorge. ¿Tú conoces a mi amiga Susana?
JORGE   No he tenido el gusto. Soy Jorge Linares.
SUSANA   Mucho gusto. Soy Susana Garcés.

Ejercicio 3   Answer the questions based on the preceding conversation.

1. ¿Quién ya conoce a Jorge?
2. ¿Quién quiere conocer a quién?
3. ¿Quiénes dan su nombre cuando se les presentan?

¿De dónde son?

MARCOS   ¿Es ésa la muchacha colombiana?
RICARDO   Sí. Es Ana Obregón. ¿Quieres que te presente?

MARCOS	Pues, sí. Pero, ¿quién es la otra chica? A ella también la quiero conocer.
RICARDO	Bueno. Vamos allá. Hola, Ana. Hola, Guillermina. Un amigo.
MARCOS	Hola. Soy Marcos Undurraga. Soy boliviano.
ANA	Mucho gusto, Marcos. Soy Ana Obregón. Soy colombiana.
GUILLERMINA	Y yo soy Guillermina Lapesa. Soy de Guatemala.

Ejercicio 4   Answer the questions based on the preceding conversation.

1. ¿De dónde es Ana Obregón?
2. ¿Quién quiere conocerla?
3. ¿Quién ya la conoce?
4. ¿A quién más quiere conocer Marcos?
5. ¿Quién es de Bolivia?
6. ¿Cómo se llama la guatemalteca?
7. ¿Cómo es que Ricardo presenta a Marcos a las muchachas?

Remember to use the appropriate familiar or formal forms (**tú** or **Ud.**), depending on whom you are introducing.

Sra. Sandoval, quiero presentarle mi amigo Luis Ferraz.
Doctora Vega, le presento mi amigo Antonio Sampere.
Su Excelencia, le presento mi esposo, Daniel Oliver.

Remember, too, that you present the person of lesser rank to the person of higher rank.

Ejercicio 5   Introduce these people.

1. your friend Leonor to Professor Valdez
2. your brother or sister to the Mexican ambassador
3. your roommate to Doctora Silvestre

Ejercicio 6   Do the following.

1. Your Cuban friend Leonardo wants to meet your friend Elena. Introduce them.
2. You are talking to an acquaintance whose name you have forgotten. Your friend Pablo joins you. Introduce them.
3. Tell Marta Cifuentes that you would like her to meet your Argentine friend Carolina Maeztu.
4. Introduce your Spanish professor to the student from Ecuador, Ana María Camino.

Capítulo 23

Haciendo o aceptando una invitación

Expresiones útiles

If you wish to invite someone to do something or to go somewhere, you may ask the following questions to find out if the person would like to or would be able to accept the invitation:

> **¿Está Ud. (Estás) libre esta noche?**
> **¿Qué hace Ud. (haces) el sábado?**
> **¿Tiene Ud. (Tienes) algo que hacer el sábado?**
> **Si Ud. está (estás) libre mañana, ¿quiere (quieres) _____?**
> **¿Le (Te) gustaría _____ el domingo?**

Ejercicio 1   Carry out the following.

1. Ask a friend if she is free on Friday.
2. Ask a friend if she has something to do (planned for) Saturday.
3. Ask a friend what she is doing tonight.
4. Ask a friend if he is free on Friday and if he would like to go to a restaurant.

Ejercicio 2   Carry out the following.

1. Tú quieres ir al cine. Invítale a un amigo.
2. No quieres quedarte en casa el domingo. Pregúntale a un(a) amigo(-a) si quiere salir a hacer algo.
3. Quieres ir al teatro. Pregúntale a un(a) amigo(-a) si te quiere acompañar.

When extending an invitation, use the verb **invitar** with discretion; the verb **invitar** indicates that you intend to pay.

> **Te invito a tomar una copita.**

The meaning here is, "I invite you to have a drink with me and it will be my treat." If you prefer to merely propose or suggest **(proponer o sugerir)** something, you could ask:

> **¿Quieres (Quisieras) tomar una copita?**
> **¿Te (Le) apetece una copita?**

If someone extends an invitation to you and you wish to accept the invitation, you can respond with one of the following expressions:

Con mucho gusto.	**De acuerdo.**
Me parece una buena idea.	**Sí, si quieres (quiere Ud.).**
¡Qué idea más buena!	**Sí, ¿por qué no?**
¡Estupendo!	**¡Qué amable!**

Ejercicio 3   Respond favorably to the following invitations.

1. ¿Quieres ir al cine? Están poniendo (presentando) una película muy buena en el cine Goya.
2. ¿Te apetece tomar una copita?
3. ¿Quieres bailar?
4. Te invito a cenar conmigo esta noche.
5. ¿Qué te parece si vamos al restaurante Estrella? Te invito.
6. ¿Quieres venir con nosotros?

When answering the question **¿Está Ud. (Estás) libre?**, you must be careful. Once you have responded **Sí,** it is difficult to turn down the invitation. If you are not sure you want to accept the forthcoming invitation, you would respond with one of the following expressions to allow you the opportunity to stall:

> **Pues, no sé.**
> **Pues, todavía no sé.**
> **Pues, creo que tengo una cita** (date, appointment). **Lo tengo que averiguar** (find out).

If you know the person well, you can be open and get more information before you give a definite response:

Depende. ¿Qué quieres (piensas) hacer?
Depende. ¿Qué propones?
Depende. ¿Qué tienes en mente?

Comunicación

ANITA	Carlos, ¿estás libre esta noche?
CARLOS	Sí, no tengo nada que hacer.
ANITA	¿Te gustaría ir al cine?
CARLOS	Sí, con mucho gusto. ¿Qué están poniendo?

Ejercicio 4   Answer the questions based on the preceding conversation.

1. ¿Está libre Carlos?
2. ¿Qué tiene que hacer?
3. ¿Adónde quiere ir Anita?
4. ¿Acepta su invitación Carlos?
5. ¿Qué dice para aceptar la invitación?

JOAQUIN	María, ¿qué haces el sábado?
MARIA	¿El sábado? Nada.
JOAQUIN	Pues, te invito a cenar conmigo en el Casino del Lago.
MARIA	En el Casino del Lago. ¡Qué amable, Joaquín!

Ejercicio 5   Answer the questions based on the preceding conversation.

1. ¿Qué hace María el sábado?
2. ¿Adónde la invita Joaquín?
3. ¿Acepta la invitación María?
4. ¿Quién va a pagar?

FELIPE	Adela, ¿tiene Ud. algo que hacer el viernes?
ADELA	Todavía no sé.
FELIPE	La quería invitar a ver una zarzuela en el Teatro Municipal.
ADELA	Pues, creo que tengo una cita con mi amiga Esperanza. Lo tengo que averiguar.
FELIPE	De acuerdo. ¿Le puedo dar una llamada el miércoles?
ADELA	Sí, ¡cómo no, Felipe!

Ejercicio 6   Answer the questions based on the preceding conversation.

1. ¿Está libre Adela el viernes?
2. ¿Por qué no sabe ella?
3. ¿Adónde quiere ir Felipe?
4. ¿Va a llamar de nuevo a Adela?
5. ¿Cuándo la va a llamar?

TERESA	Antonio, si estás libre el domingo, ¿por qué no hacemos algo?
ANTONIO	Depende. ¿Qué propones?
TERESA	Pues, si hace buen tiempo, ¿por qué no vamos a Miraflores a pasar el día en la playa?
ANTONIO	¡Estupendo! ¿Y si el día está malo?
TERESA	Luego podemos ir al cine, si quieres.
ANTONIO	De acuerdo. De todos modos nos veremos el domingo.

Ejercicio 7   Answer the questions based on the preceding conversation.

1. ¿Está libre Antonio el domingo?
2. ¿Dice que sí en seguida?
3. ¿Qué quiere saber Antonio?
4. ¿Qué tiene Teresa en mente?
5. ¿Y qué propone ella si no hace buen tiempo?
6. ¿Está de acuerdo Antonio?
7. De todos modos, ¿cuándo se van a ver los dos?

SITUACIONES

Actividad 1

A business associate whom you do not know well asks you if you are free this evening.
1. You know that you would definitely like to accept the forthcoming invitation. Answer the person.
2. You are not yet sure if you would like to accept the invitation that is coming. Give a response that will stall the person and give you an opportunity to make up your mind.

Actividad 2

A good friend asks you if you are free on Saturday.
1. You know you are going to be free. Answer the person.
2. You are probably going to be free, but you want some more information before you commit yourself. You want to know what your friend is planning. Find out.

Actividad 3

You are speaking with a friend and you would like to do something over the weekend.
1. Ask the person if he is free on Saturday.
2. Ask the person if he would like to go to a restaurant.
3. Let the person know that you intend to pay for the evening. Say something that will convey this message.

Capítulo 24

Negando una invitación

Expresiones útiles

If you wish to turn down an invitation in a polite way, you may respond to the invitation with one of the following expressions:

Es Ud. muy amable, pero lo siento mucho.
    No estoy libre.
    No puedo.
    Tengo mucho que hacer.
    Estoy ya citado(-a).

If you know the person well and just want to give a blunt refusal, you can say:

No, gracias.
No, no puedo.
No, no quiero.
No, no tengo ganas.

Ejercicio 1   Someone you prefer not to be with asks you the following questions. Respond.

1. ¿Estás libre mañana?
2. ¿Tienes algo que hacer para el weekend (el fin de semana)?
3. ¿Quieres salir esta noche?
4. ¿Me acompañas el viernes al teatro?
5. ¿Te apetece tomar una copita (un trago) conmigo?

Ejercicio 2   Answer negatively.

1. ¿Puedes salir esta noche?
2. ¿Quieres ir al cine?
3. ¿Tienes ganas de ir al teatro?
4. ¿Estás libre?

Comunicación

JOSELITO	Carmencita.
CARMENCITA	Sí, Joselito.
JOSELITO	Dime. ¿Qué te parece si salimos mañana por la noche?
CARMENCITA	Ay, Joselito. Lo siento mucho, pero no puedo.
JOSELITO	¿Estás ocupada?
CARMENCITA	Sí, la verdad es que tengo mucho (un montón de cosas) que hacer.
JOSELITO	No hay problema. Te llamaré de nuevo.
CARMENCITA	De acuerdo, José. Y gracias.

Ejercicio 3   Correct the false statements based on the preceding conversation.

1. Carmencita está libre mañana.
2. Acepta la invitación de Joselito.
3. Carmencita puede salir con José.
4. No puede salir con él porque ya está citada.
5. Joselito está enfadado (*annoyed*) y no la va a llamar de nuevo.

SITUACIONES

Actividad 1

Someone has just invited you to go to a function Saturday evening. You really do not want to go. Turn down the invitation tactfully. Explain to the person that you are really very sorry but you cannot go. You are not free that evening; you have a previous engagement.

Capítulo 25

Las gracias

Expresiones útiles

When you wish to thank someone for having done something, you can use one of the following expressions:

> **Gracias, señor(a).**
> **Mil gracias.** *(or)* **Gracias mil.**
> **Se lo agradezco.**
> **Le (La) quedo muy agradecido(-a).**
> **Muy agradecido(-a).**

When you wish to tell someone how nice it is or was for her or him to have done something, you can say:

> **Es Ud. (Eres) muy amable.** *(or)* **Muy amable.**

Ejercicio 1   Do the following.

1. Say "Thank you" to someone.
2. Tell someone it was very nice of her to have done something.
3. Thank someone for having told you something.
4. Tell someone you want to thank him very much.

If someone extends thanks to you, you may respond with one of the following expressions:

De nada.
Por nada.
No hay de qué.
Para servirle(-la).

You will frequently hear a person in a service capacity respond:

A sus órdenes.

Ejercicio 2   Respond to the following.

1. Gracias, Carlota. Es Ud. muy amable.
2. Gracias mil, amigo.
3. Se lo agradezco, señor.
4. Muy agradecido, señora.

Capítulo 26

Felicitaciones

Expresiones útiles

Expressions you may wish to use to congratulate someone are:

¡Felicitaciones!
¡Enhorabuena!
Te (Le) felicito.
Te (Le) doy la enhorabuena.

Ejercicio 1 Say something to the person who gives you the following information.

1. Voy a casarme en junio.
2. Voy a graduarme de la universidad en mayo.
3. Recibí una A (un sobresaliente) en el curso de español.
4. Acabo de encontrar un puesto (trabajo) en un gran banco de la capital.

Comunicación

ANA	Voy a graduarme en junio.
PABLO	¿Te gradúas? ¡Enhorabuena! Y mucho éxito en el futuro.

ELENA	José y yo nos casamos en septiembre.
GUILLERMO	¿Se casan en septiembre? ¡Felicitaciones!
ELENA	Gracias, Guillermo.
GUILLERMO	Y les deseo muchos años de felicidad y de prosperidad.

Ejercicio 2 Do the following.

1. Congratulate someone and wish her much success.
2. Congratulate someone and wish him much happiness.
3. Congratulate someone and wish her much prosperity.

Capítulo 27

Los gustos

Expresiones útiles

In Spanish the most commonly used verb to express *to like* is **gustar,** which literally means *to please.* Note that it is used with people, things, and abstractions:

> **Me gusta este niño.**
> **Me gusta esa casa.**
> **Me gusta la idea.**

The verb **encantar** is stronger than **gustar.** It is used similarly to *adore* in English.

> **Me encanta este perrito.**

The verbs **querer** and **amar** both mean *to love.* **Amar,** however, is used only in a religious sense.

> **Amo a Dios.**
> **El quiere mucho a Teresa.**
> **La verdad es que se quieren mucho.**

Apreciar, which comes from the same root as **precio,** means *to value* or *to appreciate* something or someone. Unlike the verb **querer,** it has little emotional impact.

> **Le aprecio mucho al profesor.**
> **Aprecio mucho a la profesora.**
> **Aprecio todo lo que hace por mí.**

The verb **estimar** can often be used as a synonym of **apreciar.**

Ejercicio 1   Complete the following mini-conversations.

1. —¿Quieres ir al museo?
   —Sí, me _____ el arte.

2. —Me _____ este libro. ¿Lo has leído?
   —No, pero me _____ el autor. Ya he leído dos de sus novelas.

3. —La doctora Ramírez es excelente.
   —¡Verdad! Yo _____ mucho sus talentos.

4. —Ellos están locamente enamorados.
   —Es obvio que se _____ mucho.

5. —La poetisa Santa Teresa _____ mucho a Dios.

Ejercicio 2   Answer the following questions.

1. ¿Cuáles son tres cosas que te gustan?
2. ¿Y tres cosas que te encantan?
3. ¿Y qué aprecias?

There are many adjectives you can use in Spanish to describe things that you really like. Some are:

formidable	**fabuloso**
extraordinario	**increíble** *(can be positive and negative)*
maravilloso	**estupendo**
genial	**magnífico**
sensacional	

Ejercicio 3   Recreate the following conversation, substituting five different adjectives for **maravillosa.**

—¿Has visto la película?
—Sí, me gustó mucho.
—A mí también. A mi parecer fue maravillosa.

The following are other expressions you will frequently hear people use to express what they like or are really crazy about:

Soy muy aficionado(-a) al tenis.
Soy fanático(-a) del jazz.
Soy loco(-a) por el rock.

Ejercicio 4   Answer the following questions.

1. ¿Eres muy aficionado(-a) al tenis?
2. ¿Eres muy aficionado(-a) al fútbol?
3. ¿Eres fanático(-a) del rock?
4. ¿Eres loco(-a) por el cine?

Ejercicio 5   Complete personally.

1. Soy muy aficionado(-a) a _____.
2. Soy fanático(-a) de _____.
3. Soy loco(-a) por _____.

Capítulo 28

No me gusta

Expresiones útiles

If you wish to say that you do not like something, you can use the following expressions:

No me gusta.
No me gusta nada.
No me cae bien.
No me gusta en absoluto.
Francamente lo odio.
Lo detesto.

Informal expressions you can use to say you do not like something are:

Este señor habla y habla sin decir nada.
   Me vuelve loco(-a).
   No es ni fu ni fa.
   Me deja frío(-a).
   No me hace nada.
   No me cae.
   No lo puedo ver.

Ejercicio 1   Answer the following questions.

1. ¿Cuáles son tres cosas que no te gustan?
2. ¿Cuál es un deporte que te deja frío(-a)?
3. ¿Cuál es un pasatiempo que no te hace nada?

Ejercicio 2   Put the following in order of intensity.

1. No me gusta.
2. Lo odio.
3. No me cae bien.
4. Lo detesto.
5. No me gusta en absoluto.

Ejercicio 3   Complete personally.

1. No me cae bien su _____.
2. Me vuelve loco(-a) cuando _____.
3. Me deja frío(-a) este(-a) _____.
4. No me hace nada su _____.
5. Para mí no es ni fu ni fa este(-a) _____.

Some expressions you may use to describe something you do not like because you think it is awful or disgusting are:

Es feo.
Es desagradable.
Es horrible.
Es un horror.
Es asqueroso.
Es repugnante.
Es un desastre.

Ejercicio 4   Respond with either **Me gusta** or **No me gusta nada.**

1. Este disco es horrible.
2. Esta música es preciosa.
3. Su voz es terrible.
4. Yo digo que tiene una voz encantadora.
5. Estos ruidos son horribles.
6. ¿Tú crees? A mi parecer son muy agradables.
7. Sus comentarios son despreciables.
8. Este plato es delicioso.
9. El mío es repugnante.
10. Sus modales son repugnantes, asquerosos.

Expressions you can use to describe something you do not like because it does not interest you or because you find it boring are:

No me interesa.
No le tengo ningún interés.
Me deja frío(-a).
Me aburre.
Me enfada.
¡Qué pesado(-a) es!
¡Qué aburrido!

Ejercicio 5   Complete the following mini-conversations.

   1. —No me gusta nada la historia.
      —¿El pasado no te interesa?
      —No. Para mí es muy _____.
      —¡Increíble! A mí me fascina.

   2. —Es muy amable ése, pero habla tanto sin decir nada.
      —Es verdad. ¡Qué _____!
      —El es tan _____ que cuando le oigo hablar me dan ganas de dormir.

A common, informal expression used to describe something that is disgusting is:

Es una porquería.

To describe the sensation it creates, you would say:

Me da asco.

To let it be known that you are fed up you would say:

Estoy ya harto(-a).
¡Es el colmo!

To state that you cannot stand something or someone, you would say:

No lo aguanto.
No puedo aguantar ese tío.

Ejercicio 6   Answer the following questions.

   1. ¿Por qué no puedes aguantar a Felipe?
   2. ¿El te vuelve loco(-a)?
   3. ¿Tú crees que sus modales son repugnantes?
   4. ¿Ya estás harto(-a) de su comportamiento?
   5. ¿Para ti es un tipo pesado y molestoso?
   6. ¿No quieres tener nada que ver con él?

When something bothers, annoys, or angers you, you can use the expressions below. The degree of anger or annoyance is indicated by the illustrations:

Me molesta.

Me enfada.
Me enoja.

Me enfurece.
Me pone bravo.
Me da rabia.

Ejercicio 7   Complete personally.

1. Conozco bien a mi profesora de español. Ella se pone muy enojada si yo _____.
2. Mis padres se ponen bravos cuando _____.
3. Me enfado con mis amigos cuando ellos _____.
4. El me molesta mucho cuando _____.

Ejercicio 8   Answer the following questions.

1. ¿Tus amigos te enfadan de vez en cuando?
2. ¿Qué hacen que te enoja tanto?
3. Si tú te enfadas o te enojas con alguien, ¿le dices por qué?
4. Y tú, ¿les enfadas a tus amigos de vez en cuando?
5. ¿Por qué? ¿Qué haces?

Capítulo 29
El acuerdo

Expresiones útiles

Sí, sí. Absolutamente.

If someone says something and you wish to agree, you can use one of the following expressions:

De acuerdo.	**Estoy de acuerdo.**
Verdad.	**Es verdad.**
Cierto.	**Es cierto.**
Sin duda.	**No hay (cabe) duda.**
Sí.	**Eso sí.**
En absoluto.	**Absolutamente.**
Exacto.	**Exactamente.**
Eso es.	**Precisamente.**
¡Cómo no!	**¡Ya lo creo!**

Ejercicio 1   Agree with the following statements.

1. La sobrepoblación es un problema universal.
2. La contaminación ambiental es un problema grave.
3. Los países en vías de desarrollo *(developing)* tienen muchos problemas económicos.
4. Los dictadores militares no favorecen los procesos democráticos.
5. Una economía fuerte no puede basarse en un solo producto.
6. La guerra no resuelve ningún problema o conflicto.
7. El amor es una cosa divina.
8. En la vida hay que tener diversiones.

If you wish to agree, but not wholeheartedly, you can use one of the following expressions:

Puede ser.
Es posible.
Quizás.
¿Crees?
No sé.

No me convence.
Si Ud. cree (crees).
Si Ud. lo dice (dices).
Sí, pero _____.

Ejercicio 2   Indicate your weak or possible agreement to the following statements.

1. Yo sé que él va a ser millonario.
2. Ellos se casarán sin duda.
3. La inflación va a estar en aumento.
4. Ella va a retirarse (jubilarse).
5. Los demócratas van a ganar en las elecciones.
6. Los republicanos van a ganar la mayoría de los votos populares.
7. El sistema escolar de nuestro país es el mejor del mundo.

Capítulo 30
El desacuerdo

Expresiones útiles

¡Absolutamente no!
¡De ninguna manera!

If you wish to state your disagreement with a statement, you can use one of the following expressions:

No.
De ninguna manera.
Absolutamente no.
En mi vida.
No puede ser.
No dices la verdad.
¿En serio?
Me estás tomando el pelo *(pulling my leg).*

Ejercicio 1 Disagree with or give a firm negative response to each of the following questions.

1. ¿Es buena para la economía la inflación?
2. ¿Está la mayoría en favor de la dictadura?
3. ¿Quiere la mayoría de la gente abolir la libertad de prensa?
4. ¿Son buenos para la salud los cigarrillos?

Ejercicio 2   Express your disagreement with each of the following statements.

1. Este gobierno ha hecho mucho para mejorar la economía y el nivel de vida.
2. El senado va a votar a favor de la ley.
3. Carlos va a fracasar *(fail)*.
4. Lo van a echar del puesto.
5. Al contrario, él va a llegar a ser millonario.

Capítulo 31

Expresando su opinión

Expresiones útiles

If you wish to express your opinion about something, you may use one of the following expressions to introduce your statement of opinion:

Yo creo que _____.
Pienso que _____.
Para mí _____.
A mi parecer _____.
Me parece que _____.
Tengo la impresión de que _____.

If you prefer, it is possible to give your statement of opinion first and then add one of the following expressions:

_____, **creo yo.**
_____, **pienso yo.**
_____, **a mi parecer.**
_____, **es mi opinión.**
_____, **es mi impresión.**
_____, **es la impresión que tengo yo.**

Ejercicio 1   Restate each of the following to make it clear that the statement is your opinion.

1. Va a llover.
2. Ellos van a ganar.
3. Ella va a tener mucho éxito.
4. El va a asistir a la universidad.
5. Quieren pasar el verano aquí.
6. Quiere hacer sus estudios en Europa.
7. Van a vender la casa y mudarse a la ciudad.
8. Va a dar muy buenos resultados.

If you wish to ask someone's opinion about something, you can ask one of the following questions:

¿Qué cree Ud. (crees)?
¿Qué piensa Ud. (piensas)?
¿Qué le (te) parece?
¿Qué opina Ud. (opinas)?
¿Qué dice Ud. (dices)?

NOTE   See also the chapters on agreeing and disagreeing for expressions that are related to opinions.

Ejercicio 2   Make up your own opinion about the following topics. Then ask a friend what she or he thinks about your opinion.

1. el tiempo
2. el gobierno
3. el costo de vida
4. la escuela
5. el futuro

Comunicación

DIANA	Yo creo que mañana los Osos van a ganar el campeonato. ¿Qué dices, Antonio?
ANTONIO	Pues, no sé. A mi parecer los Tigres han mejorado mucho.
DIANA	Estoy de acuerdo pero me parece que al fin y al cabo los Osos tienen la ventaja. Es un equipo más fuerte con más experiencia.

ANTONIO   La impresión que tengo yo es que tú quieres
           que los Osos sean los campeones.
DIANA   ¿Cómo puedes tener tal impresión, hombre?

Ejercicio 3   In your own words, relate the opinions expressed in the preceding
conversation.

Appendix

Following is a listing, arranged alphabetically by topic, for all vocabulary presented in the Communicative Topic chapters of this book. This list also includes the vocabulary presented in the other two books in this series. We have also included commonly used regionalisms when appropriate. The first entry is the word taught in the lesson and, in most instances, understood in all Spanish-speaking countries.

El teléfono (Capítulo 1)

(to) answer   contestar
area code   la clave de área
busy   ocupado
busy signal   la señal de ocupado
call   la llamada
(to) call on the telephone   llamar por teléfono, telefonear
(to) charge   cobrar
coin   la moneda
collect call   la llamada por cobrar
connection   la comunicación, la conexión
cordless telephone   el teléfono inalámbrico
correct number   el número apropiado
country code   el prefijo del país
credit card call   la llamada con tarjeta de crédito
crossed lines   el cruce de líneas
(to) cut off   cortársele la línea
dial   el disco
(to) dial   marcar, discar
dial tone   el tono, la señal
(to) hang up   colgar
(to) insert (coin in slot)   introducir (la moneda en la ranura)
interference   la interferencia
international call   la llamada internacional
line   la línea
local call   la llamada urbana (local)
long-distance call   la llamada de larga distancia
(to) make a telephone call   hacer una llamada (telefónica)
message   el mensaje, el recado
number   el número
operator   el (la) operador(a)
out of order   fuera de servicio, descompuesto, dañado
party (speaker)   el (la) interlocutor(a)
person-to-person call   la llamada de persona a persona

(to) *pick up (receiver)*   descolgar
         private telephone   el teléfono privado
         problem   el problema
         public telephone   el teléfono público
         push button telephone   el teléfono de (a) botones
         receiver   el auricular, la bocina
(to) *ring*   sonar
         slot   la ranura
         static   los parásitos
         station-to-station call   la llamada de estación a estación
(to) *take receiver off hook*   descolgar
(to) *talk on the telephone*   comunicar
         telephone   el teléfono, el aparato
(to) *telephone*   telefonear
         telephone book (directory)   la guía telefónica
         telephone booth   la cabina (casilla) telefónica
         telephone call   la llamada telefónica
         telephone company   la telefónica
         telephone number   el número de teléfono
         toll call   la llamada interurbana
(to) *wait for*   esperar
         Who's calling?   ¿De parte de quién?
         wrong number   el número equivocado

El banco (Capítulo 2)

         account   la cuenta
         application   el formulario, la solicitud
(to) *apply for a loan*   pedir (solicitar) un préstamo
         balance   el saldo, el balance
         bank   el banco
         bank book   la libreta
         bank check   el cheque de banco
         bill   el billete
         cash   el dinero en efectivo
(to) *cash*   cobrar
         change   el cambio;   *in coins*   el suelto
(to) *change*   cambiar
         charge   el cargo
         check   el cheque
         checkbook   la chequera, el talonario
         checking account   la cuenta corriente
         coin   la moneda
(to) *collect*   cobrar

current   actual
(to) deposit   depositar, ingresar, hacer un depósito
down payment   el pronto, el pie
due date   la fecha de vencimiento
(to) endorse   endosar
exchange rate   el cambio, la tasa de cambio, el tipo de cambio
(to) fill out   llenar
form   la solicitud, el formulario
funds   los fondos
installment plan   las facilidades de pago
initial payment   el pago inicial
interest rate   la tasa (el tipo) de interés
loan   el préstamo
(to) make a deposit   hacer un depósito, depositar, ingresar
money   el dinero
monthly payment   el pago mensual
mortgage   la hipoteca
passbook   la libreta
on credit (on time)   a plazos
(to) pay   pagar
(to) pay all at once   pagar al contado
payment   el pago
percent   por ciento
personal loan   el préstamo personal
price   el precio
(to) save   ahorrar
savings account   la cuenta de ahorros
(to) sign   firmar
(to) take out   sacar, retirar
total   el monto
traveler's check   el cheque de viajero
(to) withdraw   retirar, sacar

Viajando por avión (Capítulo 3)

agent   el (la) agente
air pressure   la presión del aire
airline   la línea aérea
airplane   el avión
airport   el aeropuerto
aisle   el pasillo
announcement   el anuncio
arrival   la llegada
arrow   la flecha

available   disponible
back (of seat)   el respaldo
baggage claim   el reclamo de equipaje
baggage claim stub   el talón
bathroom   el aseo
belt (of baggage claim)   la correa
blanket   la manta, la frazada, la frisa
(to) board   abordar
boarding   el embarque
boarding pass   la tarjeta de embarque, el pasabordo
briefcase   el maletín
(to) cancel   anular, cancelar
(to) check (baggage)   facturar
(to) claim   reclamar, recoger
counter   el mostrador
customs   la aduana
(to) declare   declarar
delay   la demora, el retraso
departure   la salida
departure screen   la pantalla
destination   el destino
(to) disembark   desembarcar
domestic   doméstico, nacional
drink   la bebida
emergency exit   la salida de emergencia (urgencia)
fare   la tarifa
(to) fasten   abrocharse
flight   el vuelo
flight attendant   el (la) asistente(-a) de vuelo, el (la) aeromozo(-a), la azafata,
     el (la) sobrecargo(-a)
foreign   extranjero
full   completo, lleno
gate   la puerta
hand baggage   el equipaje de mano
headset   los audífonos
international   internacional
label   la etiqueta
landing   el aterrizaje
late   de retraso
life jacket   el chaleco salvavidas
luggage   el equipaje
meal   la comida
(to) miss the flight   perder el vuelo

(no) smoking section   la sección de (no) fumar
on board (airplane)   abordo
on time   a tiempo
overhead compartment   el compartimiento sobre la cabeza
oxygen mask   la máscara de oxígeno
passport   el pasaporte
passport control   el control de pasaportes
(to) pick up (baggage)   recoger, reclamar
pillow   la almohada
porter   el mozo
row   la fila
seat   el asiento
seat belt   el cinturón de seguridad
security check   el control de seguridad
sign   la señal, el aviso
tag (luggage)   la etiqueta
takeoff   el despegue
terminal   la terminal
ticket   el boleto, el billete
(to) travel   viajar
tray table   la bandeja
turbulence   la turbulencia
upright position   la posición vertical
visa   la visa, el visado
window   la ventanilla

La gasolinera (Capítulo 4)

(to) accelerate   acelerar
accelerator   el acelerador
air   el aire
air filter   el filtro de aire
(to) align   poner en alineamiento
aligned   alineado
antifreeze   el anticongelante
automatic shift   el cambio automático, la transmisión automática
battery   la batería
brake   el freno
brake shoes   las zapatas del freno
breakdown   la avería
bumper   el parachoques
car   el coche, el carro, el automóvil, el auto
carburetor   el carburador
(to) change   cambiar

(to) charge cargar
(to) check revisar
  clutch el embrague
(to) control controlar
  cylinder el cilindro
  dead battery la batería descargada
  direction la dirección
  directional signal el (la) direccional, el (la) intermitente
  disc el disco
  door la puerta
  driver el conductor
  fan belt la correa del radiador, la correa del (de la) dínamo
(to) fill llenar
  flat vacío, pinchado
(to) function funcionar
  gas la gasolina, la bencina, la nafta
  gas station la gasolinera, la estación (de servicio)
  gear shift el cambio de velocidades
  generator el generador, el (la) dínamo
  glove compartment la guantera, la secreta
  grease job el engrase
  heater el calentador
  high test, high octane super
  horn la bocina, el klaxon, el claxon
  ignition key la llave de contacto
  insurance los seguros
  jack el gato, la gata
  key la llave
  kilometer el kilómetro
(to) knock golpear
  lead el plomo
  lever (bright lights, turn signals, etc.) la palanca, la varita
  lights las luces (s. la luz), los faros
  liter el litro
(to) lubricate lubricar
  make (car) la marca
  manual shift el cambio manual
  map el mapa, el plano, el plan
  mechanic el mecánico
  mileage (in kilometers) el kilometraje
(to) miss fallar
  model el modelo
  motor el motor

muffler   el silenciador
oil   el aceite
oil filter   el filtro de aceite
(to) *overheat*   calentarse
pedal   el pedal
radial   radial
radiator   el radiador
rearview mirror   el retrovisor
regular   normal
repairs   las reparaciones
retreaded   recauchado
reverse   marcha atrás
shocks   los amortiguadores
spare tire   el neumático (la goma, la llanta) de repuesto
spark plugs   las bujías
speed   la velocidad
(to) *start (car)*   arrancar, prender
steering wheel   el volante
(to) *stop*   parar
super   super
tailpipe   el tubo de escape
tank   el tanque, el depósito
tire   el neumático, la goma, la llanta, el caucho
tow truck   la grúa
transmission   la transmisión
trunk (car)   el baúl, la maletera, la cajuela
(to) *tune*   afinar, poner a punto
unleaded   sin plomo
wheel   la rueda
windshield   el parabrisas
windshield wiper   el limpiaparabrisas
worn   gastado

Conduciendo (Capítulo 5)

accelerator   el acelerador
accident   el accidente
alcohol   el alcohol
asphalt   el asfalto
automatic shift   el cambio automático, la transmisión automática
brake   el freno
(to) *brake*   frenar
(to) *buckle*   abrocharse

car   el carro, el coche, el automóvil, el auto
clutch   el embrague
coin   la moneda
(to) collide   chocar
congested   transitado
corner   la esquina
crossing   el cruce
curb   la cuneta
curve   la curva
direction   la dirección, el sentido
directional signal   el (la) direccional, el (la) intermitente
(to) diminish   disminuir
do not enter   prohibido el paso, no entre
door   la puerta
(to) drive   conducir, manejar
driver   el conductor
driver's license   el permiso de conducir, la licencia, el carnet de conductor
drugs   las drogas
(to) exceed   exceder
fast   rápido
fine   la multa, la denuncia
flat   vacío, pinchado
gas   la gasolina, la bencina, la nafta
gear shift   el cambio de velocidades
(to) give a summons   denunciar
glove compartment   la guantera, la secreta
(to) have the right-of-way   tener prioridad
heater   el calentador
heavy   pesado
high beams   las luces largas
highway   la carretera, la autopista
hill   la cuesta, la subida, la colina
horn   la bocina, el klaxon, el claxon
ignition key   la llave de contacto
illegally   ilegalmente
insurance   los seguros
intersection   el cruce, la intersección, la bocacalle
jack   el gato, la gata
key   la llave
kilometer   el kilómetro
lane   el carril, la pista, la banda, el canal, la vía
law   la ley
left   la izquierda
lever (bright lights, turn signals, etc.)   la palanca, la varita

lights   las luces (*s.* la luz), los faros
line   la línea
low beams   las luces cortas, las luces de cruce
make (car)   la marca
maneuver   la maniobra
manual shift   el cambio manual
map   el mapa, el plano, el plan
mileage (in kilometers)   el kilometraje
modelo   el modelo
narrow   angosto, estrecho
(to) obey   obedecer
one-way   de sentido único
opposite direction   la dirección contraria (opuesta)
(to) overtake   pasar, adelantar, rebasar
(to) park   estacionar, aparcar, parquear
parking lights   las luces de posición
parking lot   el estacionamiento, el aparcamiento, el parking
parking meter   el parquímetro
(to) pass   pasar, adelantar, rebasar
paved road   el pavimento, la calzada
pedestrian   el (la) peatón(-ona)
pothole   el bache
prohibited   prohibido
(to) put lights on   prender las luces
rearview mirror   el retrovisor
reverse   marcha atrás
right   la derecha
seat belt   el cinturón de seguridad
(to) signal   señalizar, avisar
slippery   resbaladizo
slow   lento, despacio
(to) slow down   reducir la velocidad, disminuir la velocidad
spare tire   el neumático (la goma, la llanta) de repuesto
speed   la velocidad
speed limit   la velocidad máxima
(to) start (car)   arrancar, prender
Stop!   ¡Pare! ¡Alto!
(to) stop   parar
straight   recto, derecho
steering wheel   el volante
suddenly   bruscamente
tank (gas)   el tanque, el depósito
tire   la goma, el neumático, la llanta, el caucho
traffic   el tránsito, el tráfico

       traffic jam   el embotellamiento, el tapón
       traffic light   el semáforo, la luz (de tráfico)
       traffic sign   la señal de tránsito
       transmission   la transmisión
       truck   el camión
       trunk (car)   el baúl, la maletera, la cajuela
(to) *turn*   virar, doblar
(to) *turn lights off*   apagar las luces
       turnpike   la autopista
       vehicle   el vehículo
       wide   ancho
       yellow (light)   ámbar, amarillo
(to) *yield*   ceder el paso

Pidiendo y comprendiendo direcciones en la carretera (Capítulo 6)

       across from   enfrente de
       avenue   la avenida
       behind   detrás de
       block   la cuadra
(to) *cross*   cruzar
       direction   la dirección, el sentido
       east   el este
       exit   la salida
(to) *exit*   salir
       highway   la carretera, la autopista
       in front of   enfrente de, delante de
       intersection   el cruce
       kilometer   el kilómetro
       lane   el carril, la vía, la banda, el canal, la pista
(to) *leave*   salir
       left   la izquierda
       map   el mapa, el plano, el plan
       mileage (in kilometers)   el kilometraje
       next to   al lado de
       north   el norte
       one-way   de sentido único
       outskirts   las afueras
       right   la derecha
       road sign   el rótulo
       south   el sur
       straight   derecho
       toll   el peaje
       toll booth   la garita de peaje, la caseta de peaje, la cabina de peaje

(to) *turn*   doblar, virar
west   el oeste

Pidiendo y comprendiendo direcciones a pie (Capítulo 7)

across from   enfrente de
avenue   la avenida
behind   detrás de
block   la cuadra
(to) *continue*   seguir
corner   la esquina
direction   la dirección
east   el este
(to) *follow*   seguir
in front of   enfrente de, delante de
intersection   el cruce, la bocacalle
left   la izquierda
next to   al lado de
north   el norte
on the left (right)   a mano izquierda (derecha)
opposite direction   la dirección contraria (opuesta)
right   la derecha
south   el sur
straight   derecho
street   la calle
traffic light   el semáforo
(to) *turn*   doblar
(to) *turn around*   dar la vuelta
(to) *walk*   caminar, ir a pie
west   el oeste

Comprando comestibles y otros productos para el hogar (Capítulo 8)

aisle   el pasillo
bag   la bolsa
bakery   la pastelería
bargain   la ganga
bottle   la botella, el frasco
box   la caja
bread   el pan
bread store   la panadería
bunch   el racimo, el manojo, el atado
butcher shop   la carnicería
(to) *buy*   comprar
can   la lata, el bote

cart   el carrito
cash register   la caja
cold cuts   los fiambres
container   el envase
expensive   caro
fish   el pescado
fish market   la pescadería
food   los comestibles
frozen   congelado
fruit   la fruta
fruit store   la frutería
gram   el gramo
grocery store   la bodega, el colmado, la pulpería, la tienda de ultramarinos,
      la tienda de abarrotes
How much?   ¿Cuánto? ¿A cuánto está(n)? ¿A cómo es (son)?
hypermarket   el hípermercado
kilo   el kilo
liquid detergent   el detergente líquido
(to) *look good*   tener buena pinta
meat   la carne
milk   la leche
milk store   la lechería
(to) *need*   necesitar
(to) *owe*   deber
package   el paquete
paper towel   la toalla de papel
pastry   el pastel, la pastelería
pork store   la charcutería
(to) *push*   empujar
roll   el rollo
(to) *sell*   vender
shellfish   los mariscos
shellfish store   la marisquería
slice   la tajada, la rebanada, la lonja, la loncha, la raja, la rueda, la rodaja
sliced   rebanado, tajado
soap powder   el jabón en polvo, el polvo de jabón
store   la tienda
supermarket   el supermercado
thick   grueso
thin   delgado
toilet paper   el papel higiénico
vegetable   la legumbre, el vegetal, la verdura
vegetable store   la verdulería
(to) *weigh*   pesar

El restaurante (Capítulo 9)

bill　la cuenta
bitter　amargo
burned　quemado
clean　limpio
coffee　el café
coffee pot　la cafetera
cold　frío
cook　el (la) cocinero(-a)
credit card　la tarjeta de crédito
cup　la taza
dirty　sucio
egg　el huevo
expresso　el café exprés, el cafecito
fish　el pescado
fixed menu　el menú del día, el menú de la casa, el menú turístico
fixed price　el precio fijo
flavor　el sabor
food　la comida
fork　el tenedor
fowl　las aves
glass　el vaso; *(wine)*　la copa
hors d'oeuvre　los entremeses
hot　caliente; *(spicy)*　picante
knife　el cuchillo
(to) like　gustar
medium (meat)　a término medio
medium-rare　un poco rojo pero no crudo
menu　el menú
(to) order　pedir
overcooked　sobrecocido
(to) pay　pagar
pepper　la pimienta; *(hot)* el ají, el chile; *(sweet)* el pimiento
pepper shaker　el pimentero
place setting　el cubierto
plate　el plato
rare (meat)　poco asado, casi crudo
(to) recommend　recomendar, sugerir
red wine　el (vino) tinto
(to) reheat　recalentar
reservation　la reservación, la reserva
(to) reserve　reservar
restaurant　el restaurante

rotten podrido
salt la sal
salt shaker el salero
salty salado
saucer el platillo
service el servicio
shellfish el marisco
(to) smell oler
soft blando
soup la sopa
sour agrio, cortado
specialty la especialidad
spicy picante
spoiled pasado, podrido
spoon la cuchara
sugary azucarado
sweet azucarado, dulce
table la mesa
tablecloth el mantel
taste el sabor
(to) taste like saber a
teaspoon la cucharita
tender tierno
tip la propina
tough duro
vegetable la legumbre, la verdura, el vegetal
waiter el mesero, el camarero
well-done (meat) bien asado, bien hecho, bien cocido
white wine el vino blanco
wine el vino

Preparando la comida (Capítulo 10)

(to) add añadir, agregar
(to) bake asar
baking pan el molde, la tortera
(to) be consumed consumirse
(to) beat batir
beforehand de antemano, previamente
(to) bread empanar
bread crumbs el pan (seco) molido (rallado)
(to) bring to a boil llevarse a la ebullición
(to) boil hervir
bowl el bol, el cuenco

burner (on a stove)   la hornilla, el hornillo
canned   enlatado, en lata
cauldron   la caldera
(to) chill   enfriar
(to) chop   picar
(to) clean   limpiar
(to) combine   combinar
(to) cook   cocinar, cocer
cooking   la cocción
(to) cover   taparse
cup   la taza
(to) dice   picar
diced   picado
(to) dissolve   disolver
electric stove   la cocina (la estufa) eléctrica
fine   fino
food processor   el procesador de alimentos
freezer   el congelador
fresh   fresco
(to) fry   freír
frying pan   la (el) sartén
gas stove   la cocina (la estufa) de (a) gas
(to) grate   rallar
grated   rallado
(to) grind   moler
ground   molido
handle   el mango
(to) heat   calentar
ingredient   el ingrediente
juice   el zumo, el jugo
kitchen   la cocina
knife   el cuchillo
(to) let boil   dejar hervir
lid   la tapa
liquid   el líquido
lightly   ligeramente
meal   la comida
(to) melt   derretir
microwave   el horno de microondas
(to) mix   mezclar
oven   el horno
over a low (medium, high) flame   a fuego lento (mediano, rápido), a fuego bajo
(to) peel   pelar
pinch   la pizca

      pot   la olla, la cacerola
(to) *pour*   verter
      pressure cooker   la olla de presión
(to) *put something on the burner*   ponerse al fuego, montar al fuego
      recipe   la receta
      reduced   reducido
      refrigerator   el refrigerador, la nevera
(to) *roast*   asar
      saucepan   la cacerola
(to) *sauté*   saltear
(to) *season*   sazonar
(to) *set*   reposar
      sharp   afilado
      slice   la tajada, la rebanada, la lonja, la loncha, la raja, la rueda, la rodaja
(to) *slice*   rebanar, tajar
      sliced   rebanado, tajado
(to) *soak*   remojar
(to) *stir*   revolver, dar vueltas
      stove   la cocina, la estufa
(to) *strain*   colar
(to) *take something off the burner*   quitarse (bajar, retirar) del fuego
      thick   grueso
(to) *thicken*   espesar
(to) *turn off the flame*   apagar
(to) *uncover*   destapar, quitar la tapa
(to) *wash*   lavar

Comprando ropa (Capítulo 11)

      beige   beige
      belt   el cinturón
      blouse   la blusa
      border (decorative)   la franja
      brown   marrón, castaño, café
      button   el botón
      canvas   la lona
      cash register   la caja
      checked (pattern)   cuadrado, con cuadros
      clothes   la ropa, la indumentaria
      clothing store   la tienda de ropa
      color   el color
      coffee (color)   café
(to) *cost*   costar
      counter   el mostrador

cream (color) crema
crease la raya, el pliegue, el doblez
credit card la tarjeta de crédito
cuff (shirt) el puño; *(pants)* la vuelta, el doblez
(to) custom sew hacer a la medida
dark blue azul oscuro
double-breasted jacket el saco cruzado
(to) fit sentar bien
fly la bragueta
gathering (in clothing) el resorte
(to) go with hacer juego, armonizar, combinar bien
heel el tacón
hem (of skirt) el bajo
high heel el tacón alto
horizontal horizontal
jacket el saco, la chaqueta, la campera, la americana
khaki kaki, caqui
lapel la solapa
leather el cuero
light blue azul claro
lined forrado
lining el forro
(to) look good quedar bien
low heel el tacón bajo
material la tela
man el señor, el caballero
narrow estrecho, delgado, fino
navy blue azul marino
olive green verde olivo
outfit el conjunto
paisley paisley
pants el pantalón
(to) pay pagar
(to) pinch apretar
pleat el pliegue, la pinza
pocket el bolsillo
polka dot el lunar
price el precio
rubber sole la suela de goma, la suela de caucho
salesclerk el (la) dependiente
scarf la bufanda
shirt la camisa
shoe el zapato
shoelace el cordón, el pasador

shoe store   la tienda de zapatos (calzado)
shorts   los pantalones cortos
shoulder   el hombro
side pocket   el bolsillo lateral
single-breasted jacket   el saco holgado
size   el tamaño, el número, la talla
skirt   la falda
sleeve   la manga
snap   el botón a presión
sole   la suela
sport   deportivo
steel grey   gris acero
stitched   pespunteado
stitching   el pespunte
store   la tienda
stripe   la raya
striped   rayado, de rayas
suit   el traje, el conjunto
(to) take measurements   tomar las medidas
three-piece suit   el conjunto de tres piezas
tie   la corbata
tight   apretado
tuck   la pinza
vertical   vertical
waist   la cintura
wide   ancho
window   el escaparate
wine (color)   vino
woman   la señora, la dama
zipper   el cierre, la cremallera

La tintorería (Capítulo 12)

(to) come out (stain)   quitarse
(to) darn   zurcir
(to) dry-clean   limpiar en (a) seco
dry cleaning   la limpieza en (a) seco
dry cleaner   la tintorería
(to) guarantee   asegurar, garantizar
(to) iron   planchar
ironing   el planchado
laundry   la lavandería, el lavado
(to) mend   zurcir, remendar, recoser
ready   listo

(to) sew   coser
(to) shrink   encogerse
   stain   la mancha
   stained   manchado
   starch   el almidón
   tailor   el sastre
   tear   el rasgón
   unstitched   descosido
   wash   el lavado, la lavandería
(to) wash   lavar
   wool   la lana
   wrinkled   arrugado

El hospital (Capítulo 13)

   addiction   la adicción
   AIDS   el SIDA
   alcoholism   el alcoholismo
   allergy   la alergia
   analgesic   analgésico
   anesthesia   la anestesia
   anesthesized   anestesiado
   anesthetist   el (la) anestesista
   antibiotic   el antibiótico
   appendicitis   la apendicitis
   appendix   el apéndice
   appointment   la cita
   bandage   el vendaje, las vendas
   blood pressure   la tensión (presión) arterial
   blood sample   la muestra de sangre
   bone   el hueso
(to) break   romper
(to) breathe   respirar
   broken   roto
   capsule   la cápsula
   cast   el yeso
   childbirth   el parto
   codeine   la codeína
   cold   el catarro, el resfriado
   congestion   la congestión
   cough   la tos
   crutches   las muletas
   delivery room   la sala de partos
   diarrhea   la diarrea

  doctor el (la) doctor(a), el (la) médico(-a)
  doctor's office la consulta del médico
  dosage la dosis
  drug la droga
  drug addict el (la) drogadicto(-a)
(to) *examine* examinar
(to) *examine with a stethoscope* auscultar
  expense el gasto
(to) *feed intravenously* alimentar por vía intravenosa
(to) *feel* sentir
  fever la fiebre
(to) *fill out* llenar
  form el formulario
  fracture la fractura
(to) *give birth* parir, dar a luz
(to) *give oxygen* dar oxígeno
  gynecology la ginecología
(to) *have a cold* tener catarro, estar resfriado(-a)
  head la cabeza
  headache el dolor de cabeza
  hospital el hospital
  hospital personnel el personal del hospital
(to) *hurt* doler
(to) *injure* hacerse daño, lastimar
  itch la picazón
  knee la rodilla
  lab technician el técnico de laboratorio (de radiología)
  labor pains los dolores de parto
  labor room la sala prenatal
  ligament el ligamento
  medical care el servicio médico
  medicine la medicina, el medicamento
  midwife la partera
  narcotic el narcótico
  nurse el (la) enfermero(-a)
  obstetrician el (la) obstétrico(-a)
  obstetrics la obstetricia
(to) *operate* operar, hacer una intervención quirúrgica
  operating room la sala de operaciones, el quirófano
  operating table la mesa de operaciones
  operation la operación, la intervención quirúrgica
  orthopedist el (la) ortopedista
  outpatient clinic el dispensario
  pain el dolor

patient   el (la) enfermo(-a), el (la) paciente
penicillin   la penicilina
pharmacist   el (la) farmacéutico(-a)
pharmacy   la farmacia
physical examination   el examen físico
pill   el comprimido
pregnant   embarazada
(to) prescribe   recetar
prescription   la receta, la prescripción
(to) put a cast on   enyesar
rash   la erupción
recovery room   la sala de restablecimiento (recuperación)
(to) refill (a prescription)   repetir (una receta)
(to) relieve   aliviar
(to) roll up one's sleeve   subir la manga
salve   el ungüento
serious   grave
sick   enfermo
sickness   la enfermedad
(to) slip   resbalar
(to) sneeze   estornudar
social security   el seguro social
specialist   el (la) especialista
(to) sprain   torcer
stethoscope   el estetoscopio
stomach   el estómago
stomach ache   el dolor de estómago
strong   potente
surgeon   el (la) cirujano(-a)
swollen   hinchado
syrup   el jarabe
tablet   el comprimido
(to) take an x-ray   tomar (sacar) unos rayos x (equis), tomar (sacar) una radiografía
teaspoonful   la cucharadita
temperature   la temperatura, la fiebre
tendon   el tendón
thermometer   el termómetro
throat   la garganta
(to) treat   tratar
treatment   el tratamiento
unbearable   inaguantable, insoportable
(to) undergo   someterse, sufrir
weak   débil
well   bien

wound la herida
x-ray la radiografía, los rayos x (equis)

El recreo cultural (Capítulo 14)

act el acto
action la acción
actor el actor, el intérprete
actor's (actress') lines or speech el parlamento
actress la actriz, la intérprete
advertisement el anuncio
(to) applaud aplaudir
behind the scenes entre bastidores
box office la taquilla, la boletería
(to) buy comprar
camera operator el camarógrafo
cartoon la película de dibujos animados
cast el elenco
center el centro
character el personaje, el carácter
comedy (movie) la película cómica; *(theater)* la comedia
continuous showing sesión continua
(to) cost costar
costumes el vestuario
critic el crítico
curtain el telón
detective movie la película policíaca
director el director
documentary la película documental, la película de corto metraje
drama el drama
(to) dub doblar
failure el fracaso rotundo
film la película
(to) film filmar, rodar
film editing el montaje
film editor el montador
folkloric folklórico
gesture el gesto, el ademán
horror movie la película horrífica
(to) imitate imitar
intermission el descanso, el intermedio
in the wings entre bastidores
lighting el alumbrado
melodrama el melodrama
(to) memorize aprender de memoria

movie theater   el cine
movies   el cine
mudo   silent
musical   la película musical
musical revue   la revista musical, las variedades
native Spanish operetta   la zarzuela
newsreel   el noticiario
opera   la ópera
orchestra (section of theater)   la orquesta
orchestra seat   la butaca de patio
performance   la sesión, la función
(to) play a role   hacer el papel
playwright   el dramaturgo
plot   la trama, el desenlace
pornographic film   la película pornográfica
premiere   el estreno
price   el precio
producer   el productor
production   la producción
program   el programa
(to) project   proyectar
prompter   el apuntador
protagonist   el protagonista
reality   la realidad
(to) recite   recitar
role   el papel, el rol
row   la fila
satire   la sátira
scene   la escena
scenery   la escenografía
science fiction film   la película de ciencia-ficción
screen   la pantalla
script   el guión
seat (in a theater)   la butaca, el asiento
(to) sell   vender
session   la sesión
set   el decorado
showing (movies) at scheduled times   la sesión numerada
side   el lado
sound   el sonido
spectators   el público, los espectadores
stage   el escenario, el tablado
subtitles   los subtítulos
success   el gran éxito

talent   el talento
technician   el técnico
theater   el teatro
ticket   la entrada, el boleto, la localidad
ticket seller   el (la) taquillero(-a)
ticket window   la taquilla, la boletería
tragedy   la tragedia
upper balcony   la galería
western   la película del «*far west*»
work   la obra

La familia (Capítulo 15)

adoption   la adopción
ancestor   el antepasado, el antecesor
aunt   la tía
baby   el (la) bebé
(to) be born   nacer
(to) be named   llamarse
birth   el nacimiento
birth date   la fecha del nacimiento
blood   la sangre
blood relationship (consanguinity)   la consanguinidad
brother   el hermano
brother-in-law   el cuñado, el hermano político
children   los hijos
cousin   el (la) primo(-a)
daughter   la hija
daughter-in-law   la nuera
(to) descend (come from)   descender
(to) die   morir
divorced   divorciado
engaged person   el (la) prometido(-a)
family   la familia
father   el padre
father-in-law   el suegro
generation   la generación
(to) get married   casarse, contraer matrimonio
godparent   el (la) padrino(-a)
grandchildren   los nietos
granddaughter   la nieta
grandfather   el abuelo
grandmother   la abuela

grandparents   los abuelos
grandson   el nieto
great-grandchild   el (la) biznieto(-a)
great-granddaughter   la biznieta
great-grandfather   el bisabuelo
great-grandmother   la bisabuela
great-grandparents   los bisabuelos
great-grandson   el biznieto
groom   el novio
husband   el esposo, el marido
in-laws   los suegros, los padres políticos
kindred   parentesco
last name   el apellido
marital status   el estado civil
married   casado
maternal (on mother's side)   materno
mother   la madre
mother-in-law   la suegra
name   el nombre
nephew   el sobrino
niece   la sobrina
nursing home   el asilo (hogar) de ancianos
orphan   el huérfano
parents   los padres
paternal (on father's side)   paterno
(to) rear   criar
relation   la relación
relative   el (la) pariente
separated   separado
single   soltero
sister   la hermana
sister-in-law   la cuñada, la hermana política
stepchild   el (la) hijastro(-a)
stepfather   el padrastro
stepmother   la madrastra
son   el hijo
son-in-law   el yerno
ties (links)   los vínculos
twins   los gemelos, los mellizos
uncle   el tío
widow   la viuda
widower   el viudo
wife   la esposa, la mujer

La vivienda (Capítulo 16)

air conditioning   el aire acondicionado
apartment   el apartamento, el apartamiento, el departamento, el piso
appliance   el aparato
attic   el ático, el desván
basement   el sótano, la cueva
bathroom   el baño, el cuarto de baño
bedroom   el dormitorio, la recámara, la alcoba, el cuarto, la habitación
brick   el ladrillo
building   el edificio
(to) *buy*   comprar
cement   el hormigón
chimney   la chimenea
construction   la construcción
contract   el contrato
damage   el daño
deposit   la fianza
dishwasher   el lavaplatos
dwelling   la vivienda
electric current   la corriente eléctrica
electrical outlet   el enchufe
electricity   la electricidad, la luz
elevator   el ascensor, el elevador
entrance   la entrada
expense   el gasto
exterior   el exterior
fireplace   la chimenea
floor   el piso, la planta
gas   el gas
garage   el garaje
ground floor   la planta baja
heat (heating)   la calefacción
house   la casa
household appliance   el electrodoméstico
interest rate   la tasa de interés, el tipo de interés
interior   el interior
kitchen   la cocina
light   la luz
(to) *live*   vivir
living room   la sala, la sala de estar, el salón
loan   el préstamo
lot   el terreno, el solar, el lote
maintenance   el mantenimiento

manor house   la casa solariega
monthly   mensual
monthly payment   la mensualidad
mortgage   la hipoteca
neighborhood   la vecindad, el barrio, el vecindario
outskirts   las afueras
oven   el horno
owner   el (la) dueño(-a), el (la) propietario(-a), el (la) casero(-a)
(to) paint   pintar
(to) pay   pagar
plug   el enchufe
(to) plug in   enchufar
plumbing   la tubería, la plomería
private   particular, privado
property   la propiedad
refrigerator   el refrigerador, el frigorífico, la nevera
repair   la reparación
(to) repair   reparar
rent   el alquiler, la renta, el arrendamiento
(to) rent   alquilar, rentar, arrendar
roof   el tejado
room   el cuarto, la habitación, la pieza
running water   el agua corriente
second floor   el primer piso
septic tank   el pozo séptico, el pozo negro
sewage system   el alcantarillado
sewer   la alcantarilla
square meter   el metro cuadrado
stairway   la escalera
stone   la piedra
stove   la cocina de (a) gas
suburbs   los suburbios
surrounding areas   los alrededores, las cercanías
tenement   el caserío
tenant   el (la) inquilino(-a), el (la) arrendatario(-a)
tile   la teja
value   el valor
washing machine   la lavadora
(to) watch   vigilar
water   el agua
wire   el alambre
wiring   el alambrado
wood   la madera

La educación (Capítulo 17)

algebra   el álgebra *(f.)*
anatomy   la anatomía
anthropology   la antropología
arithmetic   la aritmética
author   el autor
bachelor's degree   el título de bachiller, el bachillerato
biology   la biología
book   el libro, el tomo
bookshelf   el estante
bookstore   la librería
botany   la botánica
calculus   el cálculo
candidate for a degree   el (la) graduando(-a)
card catalog   el fichero
chemistry   la química
class   la clase
classroom   el aula *(f.)*, la sala de clase
course   el curso, la asignatura
degree   el título académico
dictionary   el diccionario
dissertation   la disertación, la tesis, el tema, la monografía
draft   el borrador
education   la educación
elective   facultativo, optativo
encyclopedia   la enciclopedia
exam   el examen
faculty   el profesorado
failing grade   el suspenso
fees (registration)   los derechos de matrícula
first day of classes   la apertura
full-time   el tiempo completo
geography   la geografía
geometry   la geometría
grade   la calificación, la nota
graduate   el (la) graduado(-a)
(to) graduate   graduarse
(to) hand in   entregar
history   la historia
laboratory   el laboratorio
laws   el derecho, las leyes
lecture   la conferencia
lecture hall   la sala de conferencias

liberal arts   filosofía y letras
library   la biblioteca
main office (university)   la rectoría
(to) major in   especializarse
master's degree   el título de maestro (licenciado), la maestría, la licenciatura
mathematics   las matemáticas
medicine   la medicina
monograph   la monografía
natural sciences   las ciencias naturales
notebook   la libreta, el bloc
notes   los apuntes, las notas
part-time   el tiempo parcial
(to) pass a course   aprobar, salir bien
physics   la física
postgraduate   el posgrado
prerequisite   el requisito
president (university)   el rector
profesor   el (la) profesor(a), el (la) catedrático(-a)
psychology   la sicología
rector   el rector
reference book   el libro de consulta
(to) register   matricularse, inscribirse
required course   el requisito
requirement   el requisito
result   el resultado
schedule   el horario
scholarship   la beca
school   la escuela, la facultad
sciences   las ciencias
second-hand   de segunda mano, de ocasión
semester   el semestre
seminar   el seminario
social sciences   las ciencias sociales
sociology   la sociología
(to) specialize   especializarse
student   el (la) estudiante
studies   los estudios
(to) study   estudiar
test   la prueba
textbook   el (libro de) texto, el libro escolar
theme   el tema
thesis   la tesis
title   el título

toga (academic gown)   la toga
trigonometry   la trigonometría
tuition   los derechos de matrícula
university   la universidad
volume   el ejemplar, el tomo
zoology   la zoología

El trabajo (Capítulo 18)

ability   la habilidad
accounting   la contabilidad
actor   el actor, el intérprete
actress   la actriz, la intérprete
administrator   el (la) administrador(a)
advertising   la publicidad
advertising agent   el (la) agente de publicidad
appointment   la cita
architecture   la arquitectura
artisan   el (la) artesano(-a)
artist's studio   el taller
benefits   los beneficios
boss   el patrono
business   el comercio
business administration   la administración, la gestión, la dirección
businessperson   el (la) comerciante, el hombre (la señora) de negocios
carpenter   el carpintero
commission   la comisión
company   la compañía, la empresa, la sociedad
computer science   las computadoras, la informática
contract   el contrato
criminology   la criminología
data processing   la informática, el procesamiento de datos
day off   el día festivo
degree   el título
diploma   el diploma
doctor   el (la) médico(-a)
economy   la economía
education   la educación, la pedagogía
electrician   el (la) electricista
(to) employ   emplear
employee   el (la) empleado(-a)
engineer   el (la) ingeniero(-a)
engineering   la ingeniería
factory   la fábrica

farm   la finca
farmer   el (la) campesino(-a), el (la) agricultor(a), el (la) labrador(a)
field   el campo
finances   las finanzas
flight attendant   el (la) asistente de vuelo, el (la) aeromozo(-a), la azafata
full-time   el tiempo completo
hospital   el hospital
initiative   la iniciativa
insurance   los seguros
interview   la entrevista, la interviú
job   el puesto
job application   la solicitud
(to) join   vincularse
knowledge   el conocimiento
law   el derecho, las leyes
lawyer   el (la) abogado(-a)
(to) major in   especializarse
marketing   el mercadeo, la mercadotecnia, la comercialización
mason   el albañil
mastery   el dominio
mathematics   las matemáticas
medicine   la medicina
nurse   el (la) enfermero(-a)
objective   el objetivo
offer   la oferta
office   la oficina
overtime   las horas extraordinarias
overtime pay   el sobresueldo
part-time   el tiempo parcial
pension   la pensión
personnel   el personal
pilot   el (la) piloto(-a)
plumber   el fontanero, el plomero
politics   la política
profession   la profesión
purchase   la compra
qualification   la cualificación
qualified   cualificado
quality (trait, attribute)   la cualidad
real estate agent   el (la) agente inmobilario(-a), el (la) agente de bienes raíces
references   las referencias
resumé   el historial
retired person   el (la) jubilado(-a), el (la) retirado(-a)
salary   el sueldo, el jornal, el salario, el pago (la paga), la retribución, la jornada

sale   la venta
salesclerk   el (la) dependiente
secretary   el (la) secretario(-a)
social sciences   las ciencias sociales
specialty   la especialidad
store   la tienda
student   el (la) estudiante, el (la) alumno(-a)
teacher   el (la) profesor(a)
teaching   la pedagogía, la enseñanza
technology   la tecnología
temporary employee   el (la) temporero(-a)
tourism   el turismo
travel agent   el (la) agente de viajes
underemployment   el sub-empleo
unemployed person   el (la) desempleado(-a)
unemployment   el desempleo
union   la unión, el sindicato
vacation   las vacaciones
work   el trabajo
(to) *work*   trabajar
work day   la jornada
work force   la población activa
workshop   el taller
worker   el (la) obrero(-a), el (la) trabajador(a)

La política (Capítulo 19)

(to) *abandon*   abandonar
conservative   conservador
constitutional   constitucional
democracy   la democracia
despotism   el despotismo
dictator   el dictador
election   la elección
extremist   extremista
(to) *govern*   gobernar
left   la izquierda
(to) *lose*   perder
liberal   liberal
liberty   la libertad
marxist   marxista
monarchist   monárquico
opposition   la oposición
political party   el partido político

    power   el poder
    prime minister   el primer ministro, la primera ministra
    reactionary   reaccionario
    regime   el régimen
    republic   la república
    revolution   la revolución
    right   la derecha
(to) *save*   salvar
    socialist   socialista
    state   el estado
    totalitarian   totalitario
    tyranny   la tiranía
    vote   el voto
(to) *vote*   votar
(to) *win*   ganar

El tiempo (Capítulo 20)

    atmosphere   la atmósfera
    avalanche   la avalancha
    barometric pressure   la presión barométrica
(to) *be cold (weather)*   hacer frío
(to) *be hot (weather)*   hacer calor
(to) *be sunny*   hacer sol, hay sol
(to) *be windy*   hacer viento
(to) *bear*   aguantar
    below   bajo
(to) *blow*   soplar
    breeze   la brisa
    Celsius, centigrade   centígrado
    clear   despejado
    cloud   la nube
    cloudy   nublado, nuboso, nubloso
    cold   el frío
    degree   el grado
    downpour   el aguacero
    drop   la gota
    dry   seco
    east   el este, el levante
    easterly   del este, oriental
    Fahrenheit   farenheit
    fall   el otoño
    fog   la niebla
    forecast   el pronóstico meteorológico

(to) forecast   pronosticar
(to) freeze   helar, congelar
   frost   la escarcha
(to) get soaked   empaparse
   hail   el granizo
   heat   el calor
   hot   caluroso, sofocante
   hot, sticky weather   el bochorno
   humid   húmedo
   humidity   la humedad
   hurricane   el huracán
   ice   el hielo
   light (gentle)   suave
   lightning   el relámpago
   moderate   moderado
   observatory   el observatorio
   pleasant   agradable, bueno, apacible
   precipitation   la precipitación
   rain   la lluvia
(to) rain   llover
   raincoat   el impermeable
   rainstorm (accompanied by strong winds)   el chubasco
(to) shiver   titiritar
   shower   la llovizna
   sky   el cielo
   snow   la nieve
(to) snow   nevar
   snowflake   el copo de nieve
   snowstorm   la nevada
   spring   la primavera
(to) stand (resist)   resistir
(to) stop raining   escampar
   storm   la tormenta, la tempestad
   stormy   tormentoso
   strong   fuerte
   summer   el verano
   sun   el sol
   sunny   soleado
   sweat   el sudor, la transpiración
(to) sweat   sudar, transpirar
   temperature   la temperatura
   thunder   el trueno
   umbrella   el paraguas
   weak   flojo

weather   el tiempo
westerly   occidental, del oeste
What's the weather like?   ¿Qué tiempo hace?
wind   el viento
windstorm   el vendaval
winter   el invierno

La descripción (Capítulo 21)

affectionate   cariñoso, afectuoso
appearance   la apariencia
aquiline (nose)   aguileño
attitude   la actitud
bald   calvo
(to) be...years old   tener...años
(to) behave   portarse
black   negro
blond   rubio
blue   azul
brown   castaño
character   el carácter
color   el color
courteous   cortés
curly   rizado
cynical   cínico
description   la descripción
disposition   la disposición
elegant   elegante
entertaining   entretenido
eye   el ojo
fat   gordo, grueso, corpulento
figure (physique)   la complexión
foul-mouthed   malhablado
fresh   fresco, brusco
friendly   amistoso
funny   cómico
generous   generoso
green   verde
grey   gris
grey hair   las canas
hair   el pelo
handsome   guapo
happy   feliz
ill-mannered   mal educado

irritable irritable
kind amable, simpático, bondadoso
lively animado
long largo
manners los modales, los ademanes
melancholy melancólico
messy descuidado
nationality la nacionalidad
neat apuesto
nice simpático
obese obeso
one's way or manner la manera de ser
opposite opuesto, contrario
pathetic patético
personality la personalidad
phlegmatic flemático
pretty bonito
red rojo
redhead el (la) pelirrojo(-a)
refined fino, culto
(to) respect respetar
roman (nose) roma
sad triste
serious serio
skin la piel
stature (height) la estatura
straight (hair) lacio, liso
sweet dulce
tall alto
temperament el temperamento
thin delgado, flaco
unpleasant antipático
unrefined basto, ordinario, inculto
wavy (hair) ondulado
weight el peso
well-mannered bien educado
white-haired canoso
white hair las canas
young joven

Index

In the following Index, the numbers in bold indicate the page numbers in the Appendix of the vocabulary list for each Communicative Topic in the book.